Thomas Kron
Martin Horáček

Individualisierung

Die Beiträge der Reihe Einsichten werden durch Materialien im Internet ergänzt, die Sie unter **www.transcript-verlag.de** abrufen können. Das zu den einzelnen Titeln bereitgestellte Leserforum bietet die Möglichkeit, Kommentare und Anregungen zu veröffentlichen. Wir freuen uns auf Ihre Teilnahme!

Bibliografische Information der Deutschen Bibliothek
Die Deutsche Bibliothek verzeichnet diese Publikation in der Deutschen Nationalbibliografie; detaillierte bibliografische Daten sind im Internet über http://dnb.ddb.de abrufbar.

Lektorat: Kai Reinhardt, Bielefeld
Korrektorat: Marc-Sebastian Schneider, Bielefeld
Herstellung: Justine Haida, Bielefeld
Druck: AALEXX Buchproduktion, Großburgwedel
ISBN 978-3-89942-551-2

Gedruckt auf alterungsbeständigem Papier mit chlorfrei gebleichtem Zellstoff.

Inhalt

1. Die Individualisierungsthese

Die Soziologie greift auf viele Begriffe zurück, die nicht exakt definiert sind. So auch »Individualisierung«. In diesem Buch machen folglich nicht nur begriffliche Vagheiten die Darstellung schwierig, sondern der Leser wird sich darauf einlassen müssen, an verschiedenen Stellen des folgenden Textes die »Aura des assoziativ Mitgedachten«, wie es Renate Mayntz (1967: 28) einmal formulierte, in Rechnung zu stellen. Hinzu kommt, dass Individualisierung in ganz unterschiedlichen soziologischen Kontexten als Argument verwendet wird. So findet sich die Individualisierungsthese eingelagert in zeitdiagnostische Klagen – sie ist z.B. nicht wegzudenken aus den Diskursen über den Zerfall der Familie (vgl. Beck 1993a; Miegel/Wahl 1994), über die Gefahr einer nachlassenden gesellschaftlichen Integration (vgl. Beck/Sopp 1997; Pollack 1999; Scherr 1998) oder über das Ende der Soziologie: Wenn nur noch die Individuen nach der Freisetzung aus allen Strukturen agieren, dann gibt es ja nichts mehr, was als Soziales für die Soziologie übrig bleibt (vgl. Nassehi 2003: 89), obwohl ja die Soziologie gerade aus dem Geist der Individualität geboren wurde (Nassehi 2000). Frei nach der ehemaligen Chemikerin und Premierministerin des Vereinten Königreichs, Margaret Thatcher: Es gibt keine Gesellschaft, sondern nur Individuen und ihre Familien. Die Soziologie löst sich damit quasi selbst auf, indem sie eine Diagnose in die Welt setzt, die die eigene Überflüssigkeit nicht nur verdeutlicht, sondern vielleicht sogar überhaupt erst erzeugt – die Individualisierungsthese als selbsterfüllende, die Soziologie zerstörende Prophezeiung. Gleichsam tritt die Individualisierungsthese an, um die gegenwärtigen Freiheiten des Einzelnen zu begründen und zu verkünden.

Unsere Vermutung ist: Gerade weil der Begriff der »Individualisierung« wie ein Kaleidoskop je nach Perspektive in verschiedenen Deutungen schillert, ist seine Verwendungskarriere so erfolgreich verlaufen. Nicht umsonst hat man sich auf dem 34. Kongress der Deutschen Gesellschaft für Soziologie in Jena 2008 der 25 Jahre erinnert, die die durch Ulrich Beck ausgerufene Individualisierungsthese mittlerweile diskutiert wird. Die Internet-Suchmaschine »Google« wirft am 10.05.2009 zu »Individualisierung« 580.000 Verknüpfungen aus, was vielleicht schon als Hinweis darauf gedeutet werden kann, dass der Begriff in die Alltagswelt Einzug genommen hat. Dies bestätigt auch ein kursorischer Durchblick dieser Internet-Seiten. So versteht dort die Firma »Porsche« z.B. unter Individualisierung, dass man die Möglichkeit hat, seinen »Porsche ganz auf sich zurechtzuschneiden«. Und weiter kann man dort lesen: »Es gibt zwei Orte, an denen Individualisierungswünsche entstehen. In Ihrem Kopf. Und in Zuffenhausen.« Nun geben wir zu, dass wir uns gerne mit der Individualisierung in Zuffenhausen beschäftigen würden – u.a. aber wegen mangelnder finanzieller Ressourcen konzentrieren wir uns lieber auf die Individualisierung ›in den Köpfen‹. An was also denken Experten, wenn sie von Individualisierung sprechen? Oder anders formuliert: Was meint der Begriff »Individualisierung« *im soziologischen Diskurs*? Hiervon handelt dieser Einführungsband.

Man muss vorwegnehmen, dass der Individualisierungs-Diskurs *in der Soziologie* – zumindest *theoretisch* – eigentlich kaum mehr geführt wird. Die Hochzeit des Streits und der Auseinandersetzungen, etwa um die Frage, inwieweit Individualisierung mit Standardisierungen oder Kollektivisierungen einhergeht, die manchmal hinter dem Rücken der Individuen lauern (vgl. Hondrich 1997; Kohli 1988, 1994; Leisering 1997; Mayer/Müller 1994), scheint weitgehend vorbei. Individualisierung ist theoretisch und gegenwartsdiagnostisch zugeordnet (Kalupner 2003; Kron 2000a, 2001, 2004; Schroer 2000, 2001).

Was bleibt, sind empirische Untersuchungen zu den einzelnen Aspekten der Individualisierungsthese. Auch hier kann man auf eine kaum mehr überschaubare Vielzahl von Forschungskontexten hinweisen (vgl. Friedrichs 1998): von der Vergabe von Vornamen (Gerhards/Hackenbroch 1997) über Heiratsanzeigen (Buchmann/Eisner 1997) bis zur mehr oder weniger rationalen Entscheidung zur Elternschaft (Burkart 1993) und der unvermeidlich dabei anfallenden schmutzigen Wäsche (Kaufmann 1994). Eine Nebenfolge der sich hier andeutenden Inflation des Individualisierungsbegriffs ist dessen Überschreiten der Soziologie als wissenschaftliche Disziplin im engeren Sinne. So bezieht Individualisierung sich mittlerweile auf Arbeitszeitmodelle (Hasler 2008) genauso wie auf die Entwicklung von Arbeitsrechten (Geffken 2007), den Umgang mit Sterben und Tod (Schiefer 2007), die Selbsthilfe (Gillich 2007), die Nutzung von E-Mails (Hermes 2006). Sie bezieht sich auf die Versorgungsqualität in Krankenhäusern (Pfaff/Scheibler 2006), den stationären Einzelhandel (Strüker 2005) und auf den Landbesitz in großstädtischen Wohnungsbauprojekten Südafrikas (Jacobsen 2005). Auch Selbstmordattentäter können sich – wie überhaupt der Dschihad (Schneckener 2006: 65ff.; Theveßen 2005: 127) – individualisieren (Spohrer 2007), genauso aber auch nur die Frauen (Marx 2007), verortete Kinder (Bühler-Niederberger 2003), Heranwachsende und Jugendliche aus Migrantenfamilien (Mannitz 2007), alte Menschen (Pasero 2007) oder Menschen mit Behinderung (Rohrmann 2007) – oder einfach: Gruppen (Edding/Kraus 2006). Individualisierung kann sich in virtuellen Welten vernetzen (Metzner-Szigeth 2008) und sie kann eine Therapeutisierung nach sich ziehen, zumindest wenn es um Streitkräfte geht (Gerhard 2007).

Man kann also mit einiger Plausibilität behaupten, dass eine theoretische Diskussion zur Individualisierung gegenwärtig kein allzu reizvolles Unternehmen darstellt, zumal als weiteres Indiz, dass es mit der Aktualität der Individualisierung in der soziologischen Theorie vorbei ist, der Rückgriff auf die soziologischen Klassiker verstanden werden kann, anhand derer man die Argumente revitalisiert (siehe beispielsweise Junge 1997 und Müller 1993 zu Simmel; Mitchell 1976 zu Durkheim; Merz-Benz 2004 zu Weber; Müller 2005 zu Tocqueville; Seidel 2004 zu Hume und Parsons sowie Kippele 1998 mit einer zusammenfassenden Gesamtübersicht). Zu guter Letzt sei noch angemerkt, dass die Individualisierungsdebatte bereits in ihren theoretischen Grundzügen vielfach zusammenfassend dargestellt worden ist (z.B. von Beck/Beck-Gernsheim 1994; Beck 1995; Junge 2002).

2. Der rote Faden: Prozesse des Raus und Rein

Wieso sollte man es im Jahre 2009 noch auf sich nehmen, etwas Theoretisches über Individualisierung zu schreiben?[1] Der Grund liegt für uns darin, dass man vielleicht eine Kleinigkeit noch nicht hinreichend betont hat – nämlich: welcher *Grundprozess der Individualisierung* zugrunde liegt. Mit dem vorliegenden Einführungsband wollen wir zeigen, dass dieser sehr einfach ist und sich in allen Argumentationsfiguren wiederfinden lässt: Es ist der *Prozess des Raus und Rein*. Die Argumente unterscheiden sich darin, woraus die Individuen zuerst rausgesogen, worein sie dann wieder eingebunden werden – und welche Zeitabschnitte, räumliche Variationen, soziale Konfigurationen und sachliche Bedingungen damit verbunden werden.[2]

Damit widersprechen wir nicht der These, dass sich der Diskurs auf die Annahme zusammenzieht, dass »Individualisierung« die Veränderungen kultureller und sozialer Strukturen und deren Konsequenzen für den Akteur beschreibt. Man kann etwa anhand verschiedener soziologischer Gegenwartsdiagnosen verdeutlichen (Kron 2002a; Schimank/Volkmann 2000), dass der Individualisierungsbegriff vor allem in diesen drei Bedeutungsdimensionen verwendet wird (Kron 2002a: 258; vgl. Junge 2002): *Kultur, Struktur* und *individuelle Autonomie*. Veränderungen in den Dimensionen von Kultur und Struktur werden dabei als *ursächliche Bedingungen* für Individualisierung aufgeführt, während Autonomie als abhängige Variable und damit als ein Definitionskriterium für Individualisierung gedeutet werden kann.

In der Dimension der *Kultur* wird zumeist betont, dass der traditionale Wertehimmel in Bewegung geraten ist: Die Werte der Moderne sind zunehmend pluralisiert und fallen immer mehr einer Unverbindlichkeit ehemals unverbrüchlicher Moralvorstellungen anheim. Der einzige moralische Wert, der dann noch uneingeschränkt gilt, ist der Individualismus (Hastedt 1998). Bezieht sich der Individualisierungsbegriff auf die Strukturdimension, dann ist in der Regel eine »Freisetzung« des Individuums aus vormaligen strukturellen Kontexten gemeint (vgl. Berger 1996). Beispielsweise spricht man von »Emanzipation« und meint u.a. die Loslösung von ursprünglichen Gruppen, die meist anhand Émile Durkheims (1988: 118ff.) Vorstellung über »mechanische Solidarität« charakterisiert werden. Diese Gruppen zeichnen sich durch solidarische, emotionale, lokale, persönliche und unmittelbare Interaktion unter Gleichen aus, gestützt durch eine »Brüderlichkeitsethik« (Weber 1980: 350ff.), die in einem ähnlichen Denken und Handeln resultiert, etwa innerhalb religiös geleiteter Gemeinschaften. Das Soziale erfährt im Prozess der Emanzipation eine immer flüssigere Aufteilung, z.B. werden Klassenstrukturen durch Milieus abgelöst; eine höhere soziale und auch geographische Mobilität wird konstatiert. Familiäre Emanzipation bedeutet dann, nicht mehr ein Leben lang an die Ursprungsfamilie gebunden zu sein und neue Phasen im Generationenprozess zu identifizieren (Beck/Beck-Gernsheim 1990; Beck-Gernsheim 1986). Auch ökonomisch bestimmen immer weniger askriptive Merkmale das Geschehen. Jeder ist nun seines eigenen Geldes Schmied und nicht mehr von Geburt an z.B. an Zünfte gebunden. Kurz: Der Akteur gewinnt mit den Auflösungen von traditionalen Strukturen (Raus) und der parallelen Eingliederung in neue Strukturzusammenhänge (Rein) an Individualitätsoptionen. In dieser Bedeutungsdimension hat die Soziologie immer schon viel gearbeitet, vor allem in der Darlegung der Gründe für strukturelle Variationen.

Mit der Frage nach den Auswirkungen der kulturellen und strukturellen Veränderungen für den Akteur wird Individualisierung in der Autonomiedimension akzentuiert. Man erkennt dann z.B. die Abnahme äußerlicher Gewalt und damit mehr Freiheitlichkeit, verstanden als Autonomie bei Handlungsentscheidungen, die aber zugleich auch ein höheres Maß an Selbstkontrolle, Selbstverantwortung und »Selbstbastelei« (Hitzler/Honer 1994) verlangt. Schließlich jagt man sich nahezu permanent selbst (Gross 1999). Gemeint ist allgemein demnach, dass allen Akteuren Multi-Möglichkeiten des Denkens und Handelns zur Verfügung stehen (Gross 1994). Aber nicht nur quantitativ ist eine Steigerung erkennbar, sondern auch qualitativ gibt es vielfältigere eigene Entscheidungshervorbringungen, da die Optionen zunehmend auch als Möglichkeiten subjektiv wahrgenommen und genutzt werden. Diese Debatte führt den Akteur als Quelle seiner Moral, Werte und deren Auslegung. Man folgt eben dem »individuellen Gesetz« (Simmel 1994); das außengeleitete Dasein wird abgelöst durch ein innengeleitetes Dasein (Riesmann 1958).

Da man sich selbst und Andere bewusst als Entscheidungsträger wahrnimmt, werden entsprechende Verantwortungen zugeschrieben, was wiederum Autonomie als Selbstverantwortung erscheinen lässt: Man muss die Folgen des Handelns für sich selbst und für Andere tragen. Nicht eine soziale Gruppe ist für Handlungen verantwortlich, sondern der Einzelne – eine Anschauung, die religiös gestützt wird, da der Akteur sich letzten Endes alleine vor Gott zu verantworten hat. Folglich wird den Akteuren Autonomie im Sinne von Selbstkontrolle angeraten, mit der Intention, die Handlungsentscheidungen möglichst in systematisch-rationaler Art und Weise zu treffen – und sei es, dass man die Entscheidungsfindung als Ex-post-Legitimation anführt oder auf sozial geteilte Fiktionen rekurriert (»Sport ist gesund«).

Man erkennt rasch: Die Argumente, mit denen man »Individualisierung« darlegt, die begleitenden Argumentationsgänge und Auslegungen für den Einzelnen sind ähnlich vielschichtig und mehrdeutig wie der Individualisierungsbegriff selbst. Auf diese Weise hat die Soziologie in der Thematisierung der Konsequenzen von Individualisierungsprozessen für die Individuen verschiedenartige *Individualitätstypen* produziert. Dies verschafft dem Begriff der Individualisierung als hochelastisches Element Eingang in nahezu jeden populären Diskurs um soziale oder personale Phänomene, Schicksale oder Ereignisse.

Wir wollen dies nutzen und im Folgenden entlang der so erzeugten Individualitätstypen einige Argumentationsfiguren vorstellen, in deren Kontext verschiedene Bedeutungen von »Individualisierung« sichtbar werden. Wir nehmen an, dass diese zumindest so typisch für den soziologischen Diskurs sind, dass sie das, was mit »Individualisierung« gemeint ist, insgesamt gut abbilden. Alle diese Individualisierungsfiguren beruhen auf dem Grundprozess des Raus und Rein. Es geht also nicht darum, jene in den Zeitdiagnosen gelegentlich betonten verschiedenen *Bewertungstendenzen* zu wiederholen, die z.B. das Individuum mal als gefährlich, mal als gefährdet und manchmal ambivalent betrachten (Schroer 2000). Im Gegensatz dazu zeigen wir, welche Anschauungen des Individuums im soziologischen Diskurs erzeugt werden, wenn der Prozess der Individualisierung – das Raus und Rein – analysiert wird. Dabei sollen in der Darstellung der Argumentationsfiguren Kombinationen erprobt werden, die man in dieser Art und Weise nicht allzu häufig verknüpft findet, z.B. Sloterdijk *und* Mead, Foucault *und* Goffman, Elias *und* Duerr, Akteur- *und* Systemtheorie. Herausarbeiten wollen wir dabei immer den Grundprozess des Raus und Rein als gemeinsames Element. Im Ergebnis wird sichtbar, dass in all diesen ziemlich disparaten theoretischen Zugängen mit »Individualisierung« ein auf das Verhältnis von Akteur und Soziales (was immer dies im Einzelnen ist, vgl. Latour 2007) bezogener *Prozess des Raus und Rein* verstanden wird: raus aus sozialen Kontexten, rein in soziale Kontexte. Und zwar genau in dieser Reihenfolge!

Die Begriffe des »Sozialen« und des »Akteurs« (oder »Individuums«) bleiben im folgenden Text weitgehend unbestimmt, d.h. uns ist bewusst, dass dies historisch kontingente und sozial erzeugte Begriffe sind und man das »Individuum« als solches erst entdecken musste (vgl. Aertsen 1996; Dumont 1991; Luhmann 1986b, 1993a; van Dülmen 2001, 1997) – was dann schon mal dazu führen kann, dass es das Ich ist, das individualisiert ist, sofern es die moderne Gesellschaft betrifft (Nollmann/Strasser 2004), oder dass man nach der Waldorfpädagogik der ist, der man wird (Loebell 2004), was ja ersichtlich was anderes ist, als das, was etwa Nietzsche in seiner »Fröhlichen Wissenschaft« (Nietzsche KSA 3: 243) vorgesehen hatte. Er empfahl, das zu werden, was man ist. Wir verzichten also auf präzise Definitionsarbeit, die aber in diesem Kontext sowieso zu umfangreich und wenig gewinnversprechend wäre. Wir können darauf verzichten, weil wir eben nicht den Individualisierungsbegriff abschließend klären, sondern den dahinterliegenden Grundprozess verdeutlichen wollen.

3. Zum Aufbau des Buches

Raus und rein – die Grundlage dieses Prozesses verdeutlichen wir anhand Peter Sloterdijks »Grundlegung einer negativen Gynäkologie«, in der deutlich wird, dass der Akteur in seiner Menschwerdung immer sozial gedacht werden muss *(Kapitel I)*. An keiner Stelle hat die Soziologie bislang diesen Gedanken – der Mensch ist ein soziales Wesen – derart radikal und grundlegend formuliert wie Sloterdijk im Auftakt seiner »sphärologischen« Analyse: Noch bevor der Mensch in die Welt tritt, ist er schon aus einem sozialen Kontext ausgebrochen. Damit wird deutlich, dass Menschsein immer unüberwindbar mit Individualisierungsvorgängen verbunden ist. Ohne Individualisierungsdrama kein Mensch!

Doch der Akteur ist nicht nur immer schon sozial, er wird auch nach dem Welteintritt weiter sozialisiert; anders als innerhalb von sozialen Kontexten, so diese Sichtweise, kann der Akteur sich gar nicht ausbilden *(Kapitel II)*. Anhand der durch die psychoanalytische Theorie der Persönlichkeit von Freud beeinflussten Sozialisationstheorie von Talcott Parsons wird gezeigt, wie unmittelbar nach der Geburt – in Fortsetzung des ersten Individualisierungsdramas – der Prozess der Individualitätsentwicklung entlang gesellschaftlich vorgeprägter Normativitätsbahnen weiterverläuft, indem stets soziale Bindungen gelockert und durch andere ergänzt werden. Anders als in derartigen, sich erweiternden kommunikativen Kontexten kann sich ein Selbst auch gar nicht ausbilden, wie im Anschluss an Georg Herbert Mead aufgeführt wird.

Allerdings bedingt nicht nur die mit dem Sozialisationsprozess verbundene Einverseelung sozialer Inhalte im Akteur dessen Individualisierung – auch dessen eher formale Vergesellschaftung bringt Individualisierung hervor *(Kapitel III)*. Georg Simmel ist derjenige klassische Autor, der die Entbettung und Wiedereinbettung entlang quantitativer sozialer Kategorien besonders eindringlich in seiner Soziologie beschrieben hat, die aktuell durch netzwerktheoretische Überlegungen fortgeführt wird. Gleichwohl hat Simmel diese Perspektive um die Sichtweise eines qualitativen Individualismus ergänzt und kultursoziologisch bzw. gegenwartsdiagnostisch vorgeführt, wie quantitative *und* qualitative Individualisierung zusammengedacht werden können.

Die solcherart formulierten Sichtweisen auf den Akteur – mal eher aktiv sich individualisierend, mal eher passiv individualisiert werdend – machen den Inszenierungscharakter der Individualisierung deutlich *(Kapitel IV)*. Mit Erving Goffman wird veranschaulicht, dass Akteure stets aus ihren geordneten Interaktionen rausgerissen und zur Reparatur dieser Brüche angehalten werden. Zugleich produzieren sie mit diesen Instandsetzungsbemühungen ihre Identität bzw. Individualität. Darin sind die Akteure allerdings nicht völlig frei. Die Gesellschaft hat eigene Interessen daran, dass die Akteure *bestimmte* Individualitäten ausbilden, wie die machtsoziologischen und modernisierungskritischen Analysen von Michel Foucault und Zygmunt Bauman zeigen.

Damit verweist man auf den Zusammenhang gesellschaftlicher Entwicklung und Persönlichkeitsstrukturen, die man in der historischen Perspektive sowohl mit Zivilisierung, aber vielleicht ebenfalls mit Barbarisierung in Verbindung bringen kann *(Kapitel V)*. Für Norbert Elias ist der Individualisierungsprozess ein Zivilisationsprodukt; mit zunehmendem Abstand von barbarischen Gesellschaftsformationen wird der Akteur individualisierter. Mit der eindringlichen Kritik von Hans-Peter Duerr an der Elias'schen Zivilisationsthese kann man ergänzen, dass auch barbarische Elemente geeignete Mittel zur Individualisierung darstellen.

Noch allgemeiner wird dieser Zusammenhang gefasst, wenn man sozialstrukturell-systemische Arrangements, die dem Akteur entscheidende Kompetenzen zukommen lassen, in den Blick nimmt *(Kapitel VI)*. Die systemtheoretisch orientierte Differenzierungstheorie nach Niklas Luhmann macht dabei deutlich, dass der Akteur heute aus vormaligen Gesellschaft-Mensch-Zusammenhängen entlassen und in ein neues Korrespondenzverhältnis versetzt wird, das andere Individualisierungsprozesse mit sich bringt. Aus der Akteurperspektive von Uwe Schimank geraten damit Veränderungen im Entscheidungshandeln der Akteure in den Blick, die sich, aus den Möglichkeiten rationalen Handelns entlassen, wiederfinden und neue, weniger rationale Heuristiken entwerfen müssen.

Schaut man zudem auf die Art der zeitgenössischen Verwirklichung von Werten, wird man feststellen können, dass Individualisierung durchaus der Ausgestaltung des Wertes »Individualismus« entspricht *(Kapitel VII)*. Zum einen gelten Werte zwar immer weniger, wie schon Friedrich Nietzsche mit seiner Analyse vom »Tod Gottes« dargelegt hatte. Zum anderen kann man aber eine Verschiebung von der institutionell getragenen Religion hin zu einer individualistischen, veralltäglichten Religiosität ausmachen, wie Ulrich Beck mit der Rede vom »Eigenen Gott« veranschaulicht.

Gegenwartsdiagnostisch ist man mit diesem Kult des Individuums auf dem Stand des Akteurs als Restrisiko-Empfänger, der ohne große institutionelle Hilfen entscheiden muss, aber aufgrund der ›fuzzigen‹ Sowohl-als-auch-Befindlichkeiten kaum entscheiden kann *(Kapitel VIII)*. Der Prozess des Raus und Rein wird hier anhand der Entwicklung der Gegenwartsdiagnose von Ulrich Beck nachgezeichnet, die mit der Wandlung von der Risikogesellschaft zur Weltrisikogesellschaft neue Individualisierungsmuster aufdeckt. Im Gegensatz zur Individualisierung in der Risikogesellschaft müssen die Akteure nun in der Weltrisikogesellschaft Situationen bewältigen, die durch extremste Vagheiten und graduelle Übergänge gekennzeichnet sind.

Zum Schluss werden wir noch Überlegungen anstellen, mit welchen Metaphern man den Grundprozess der Individualisierung in gegenwartsdiagnostischer Absicht darstellen könnte und worin sich die Individualisierungsargumente vielleicht doch unterscheiden *(Kapitel IX)*. Wir schließen den Argumentationsgang dieses Einführungsbuches wiederum mit Sloterdijks sphärologischer Gegenwartsbeschreibung, für die er die Metapher des Schaums stark macht. Das Buch endet mit der These, dass der Prozess der Individualisierung zwar mit »Raus und Rein« einheitlich gedeutet werden, dass man aber zugleich Unterschiede markieren kann, woraus man sich in diesen Prozessen zu befreien erhofft. Jedes Individualisierungsargument, so könnte man zusammenfassen, transportiert seine eigene Befreiungsillusion.

I. Das immer schon soziale Individuum bei Sloterdijk und Mead

Die Grundthese, die wir in diesem Kapitel begründen wollen, lautet: Der Mensch ist immer schon sozial und nur als solcher kann er überhaupt Individualität gewinnen! Dies begründet den die Individualisierung konstituierenden Prozess des Raus und Rein: Man beginnt mit einer spezifischen Sozialität, die durchbrochen werden muss, damit in dem Prozess der Wiedereinfindung in eine andere spezifische Sozialität der Mensch zum Individuum werden kann.

1. Negative Gynäkologie und das erste Individualisierungsdrama (Peter Sloterdijk)

Die fundamentalste Grundlegung für diese These finden wir bei Peter Sloterdijk und seiner »Grundlegung einer negativen Gynäkologie« (1998: 275ff.). Diese ist Teil seiner »Sphärologie«, in der er den Versuch unternimmt, das menschliche Sein mit einer dreistufigen raum-metaphorischen Semantik zu umschreiben. Im ersten Teil der als Trilogie angelegten Schrift, der auch die Überlegungen zur negativen Gynäkologie entnommen sind, widmet sich Sloterdijk den primären Weltverwebungspunkten eines jeden Menschen. Der Titel des ersten Bandes führt die umschreibende Metapher für diese fragile Form der Welteinbettung ein: »Blasen«. Was im Mutterleib als eine natürlich-dyadische Beziehung anfängt, wird in den ersten Lebensjahren (und auch in den ersten Phasen der Menschheitsgeschichte) in einer Sphäre größter Intimität fortgeführt und als Basisgestimmtheit dem Einzelnen mitgegeben. Dieser ist so gesehen nicht individuell zu denken, sondern als immer schon vor- und mitgestimmter Teilhaber spezifischer Resonanzkörper. Diese Körper – Mutter, Familie, Sippe, Dorf – lassen das Individuum immer schon im Modus des »Normalen« sozialisiert sein: »Besessenheit durch das Normale, Durchschnittliche, Gegenwärtige fällt als solche naturgemäß nicht auf: Man hält sie, in den Familien, Dörfern und Nachbarschaften bis heute, für die einfache, direkte, selbstverständliche Art der Kommunikation. Dabei wird vertuscht, dass in der mündlichen Welt alle Menschen Zauberer sind, die sich gegenseitig unter einen mehr oder weniger mächtigen Normalisierungsbann setzen (aus dem meist nur ein Gegenzauber befreit, etwa durch Reisen oder Gespräche mit Fremden).« (Ebd.: 272)

Mit seinen Exkursen in die Gynäkologie und Psychoanalyse, der intimistischen Auslegung von Kunstwerken und religiösen Beseelungsvorgängen, der Interpretation von Familien- und Dorfstrukturen in vorgeschichtlicher Zeit verfolgt Sloterdijk ein weitreichendes Ziel. Die präzise Beschreibung der individuellen Weltgeworfenheit wird umso wichtiger, je mehr man sich mit der Pointe seiner Trilogie im dritten Teil auseinandersetzt (siehe Kapitel IX). Mit der Analyse des Einzelnen in einem Mikrosystem, das in Blasen ein lernfähiges, seelenräumliches Immunsystem bildet, bestärkt die Sphärologie diejenigen Psychologien, die »das Subjekt als etwas auslegen, das nicht nur sich selbst in symbolischen Ordnungen einrichtet, sondern auch von Anfang an ekstatisch in die gemeinsame Welteinrichtung mit anderen hineingenommen ist« (ebd.: 84). Es wird in erster Linie herausgearbeitet, »dass das Paar gegenüber dem Individuum die wirklichere Größe darstellt« (Sloterdijk 2004a: 13) und wie Individualismus dementsprechend nicht zu verstehen ist: »Schon mit ihren ersten Strichen löst also die moderne Psychologie den individualistischen Schein auf, der die Einzelnen als substantielle Ich-Einheiten auffassen möchte, die wie die Mitglieder eines liberalen Clubs auf freiwilliger Basis in Verkehr mit anderen träten, nachträglich, willkürlich, widerruflich, wie es der Ideologie der individualistischen Vertragsgesellschaft entspricht. Wo solche Individualismen auftauchen, dort lässt sich mit hoher psychologischer Evidenz auf eine freiheitsnotorische Grundstellung schließen; für die ist es charakteristisch, dass ein Subjekt sich nicht als enthaltenes, begrenztes, umgriffenes und besetztes denken kann. Es ist die Basisneurose der okzidentalen Kultur, von einem Subjekt träumen zu müssen, das alles beobachtet, benennt, besitzt, ohne sich von etwas zu enthalten, ernennen, besitzen zu lassen, und wenn der diskreteste Gott sich als Zuschauer, Behälter und Mandant anböte.« (Sloterdijk 1998: 85)

An diese Überlegungen anschließend begeben wir uns auf für

die Soziologie ungewohntes Terrain, weil wir implizit die Beziehung des Ungeborenen *in* der austragenden Mutter in den Blick nehmen. Die Mutter bietet dem Kind die erste klimatisierte Sphäre. In diesem Sinne gilt: »Frauenkörper sind Wohnungen!« (Sloterdijk 2004b: 18) Sie legen die befruchteten Eier in sich selbst ab und werden dann als ökologische Nische von ihrem eigenen Nachwuchs besetzt. Folglich wird man zur mikro-sphärologischen Analyse den Blick in die werdende Mutter richten und somit in einen Intimraum vordringen. Das ist in der alltagstauglichen, politisch-korrekten, gender-gemainstreamten Betrachtungsweise tabuisiert und zusätzlich mit Ekel besetzt, wie so oft, wenn die Natur des Menschen mit Organen in Verbindung gebracht wird – und dies könnte vielleicht ein Grund dafür sein, dass man sich soziologisch bislang kaum mit dieser Menschwerdungsphase beschäftigt hat. Wenn schon beim soziologischen Bezug auf Sozialisationstheorien häufig unwidersprochen bleibt, dass soziale Bezüge erst im späteren Kindesalter anfangen – z.B. bei der Moralentwicklung bei Piaget oder Kohlberg[3] –, so wird kaum erwartet werden können, dass das Augenmerk auf die pränatale Phase geworfen und dort nach soziologisch Interessantem gesucht wird. Wie wenig sozial scheint doch diese Situation, in der das Ungeborene noch geschützt vom und im Mutterleib wie eine Monade vor sich hin stoffwechseln kann! Der Mensch wird sozial, *nachdem* er zur Welt gekommen ist – so jedenfalls die übliche Ansicht.

Sloterdijk verdreht diese Perspektive und behauptet damit einen sozialen Start aller individuellen Menschwerdung. *Bevor* das zur Welt gekommene Kind sich mit der dann gegebenen Sozialität auseinandersetzen muss, hat es bereits eine soziale Welt verlassen. Hier sehen wir, wo der Grundprozess der Individualisierung – der Prozess des Raus und Rein – seinen Ursprung hat.

Welche Phasen sind nun in der pränatalen Phase aus einer Individualisierungsperspektive wichtig? Sloterdijk erwähnt verschiedene für das Kind bedeutsame Phasen, bevor die Psychoanalyse die Relevanz der oralen Phase in Anschlag bringen kann. Wir möchten auf zwei Phasen eingehen, weil diese besonders auf die immer vorhandene Sozialität des Menschen verweisen: (1) die *Phase der fötalen Kohabitation*, in der es um die Entwicklung von sensorischen Fähigkeiten anhand von Flüssigkeiten, Weichkörpern und »Höhlengrenzen« geht. Besonders plazentales Blut, Fruchtwasser, die Nabelschnur, die Fruchtblase sowie der Bauchwandwiderstand können hier vorgebracht werden. Die Plazenta ist dabei der »Vorbote eines ersten Gegenübers«, sozusagen der erste soziale Kontakt. Man kann hier bereits eine erste Sozialität konstatieren, die darin zu sehen ist, dass das Blut des einen zugleich das Blut des anderen ist, sozusagen plazentales Blut als erstes Medium einer bipolar-intim verschränkten Dyade. Dies allerdings nicht verstanden als subjekthaft gegenübertretend, sondern eher im Sinne einer Mit-Gegebenheit. (2) Der *Zustand der psycho-akustischen Initiation*: Selbstverständlich wird auch im Mutterleib gehört, wobei das Fruchtwasser als medialer Träger von Schallwellen dient. Später ist das Zusammenhören die akustische Nabelschnur, die als ein zentrales Prinzip der psycho-sozialen Synthesis gelten kann. Man kann sagen, dass sowohl Individualisierung als auch soziale Integration hier ihren simultanen sphärischen Ursprung haben. Wir werden später noch sehen, dass Sloterdijk fortschreibt, wie dieser ursoziologische Zustand gegenwartsdiagnostisch transformiert werden kann.

Die »negative Gynäkologie« beschreibt demnach ein Verfahren, das sich nicht auf die Außenansichten der Mutter-Kind-Beziehung beschränkt. Vielmehr geht es um eine »zarte Empirie«, die versucht, das »In-der-Höhle-Sein« des später Individualisierten nachzuzeichnen. In dem Prozess, den wir Geburt nennen, der einen dreifachen Hüllenbruch beschreibt – Zerplatzen der Fruchtblase, Austritt aus der Gebärmutter durch den Muttermund und Durchgang durch den Geburtskanal –, wird das Neugeborene erst dann der vierten Sphäre, der Mutternähe, überantwortet. Ist dies der erwähnte erste soziale Kontakt, der das Individuum immer schon sozial werden lässt? Die Antwort Sloterdijks: Nein! Es gibt nämlich einen sozialen Urbegleiter *vor* diesem Mutter-Kind-Kontakt, Etwas/Jemand (ein »Mit«, um nicht subjektivieren oder objektivieren zu müssen) als erste Größe, mit dem man den Raum teilt – man könnte es mit Sloterdijk auch »Mit-Mir« nennen. Die Energien dieses Mit sind das Fundament zur Entwicklung des Ich. »Wenn ich das Zeug dazu in mir habe, von Auch zum Ich zu werden, so nicht zuletzt deshalb, weil mir das

Mit den Ort zu fühlen gegeben hat, an dem ich als ergänzbares, hinüber-fühlendes, polhaft offenes Wesen hier Grund zu fassen begonnen habe.« (Sloterdijk 1998: 391)

Das Mit begleitet das Kind so lange, bis es in die Welt gekommen ist, bis es in die andere Sphäre eintritt, in der es dann einen Eigennamen erhält – während das Mit untergeht. Alles andere würde in unserer Gegenwartswelt wohl auch Ekel provozieren, würde man dieses Mit ebenfalls mit Namen belegen müssen und genauso zur Erscheinung bringen wie das Kind. Dieses Mit ist die Plazenta. Schon organisch ist diese interessant, weil ihr Status – gehört sie zur Mutter oder zum Kind? – nicht eindeutig ist.[4]

Die Plazenta ist der intime Raumteiler. Sloterdijk verweist darauf, dass es die Hebammen sind, die wissen, dass eine Geburt dann geglückt ist, wenn *zwei* Einheiten ins Freie gelangt sind, d.h. wenn auch die Nachgeburt den Mutterleib ohne Rückstände verlassen hat. Nur Geburt *und* Nachgeburt erfüllen zusammen den Tatbestand der vollständigen Entbindung. Zu anderen Zeiten in anderen Kulturen wird die Plazenta denn auch als ein symbolisches Geschwister behandelt. So sollen weder Tiere noch Fremde sich ihr bemächtigen dürfen, weshalb die Plazenta manchmal begraben, beerdigt wird. In Nepal nennt man die Plazenta heute noch »Freund des Kindes«. Die Malayen betrachten sie als älteres Geschwisterkind und im Sudan gilt die Plazenta als geistiges Ebenbild des Kindes.

Die Plazenta-Entwertung in Europa setzt etwa im späten 18. Jahrhundert ein, als Abscheu und Ekel ins Spiel kamen und diese den Vätern der aufgeklärten Gesellschaft vergällt haben, der Plazenta einen kulturellen Platz frei zu halten, wenn man den Abfalleimer ausnimmt. Die Plazenta wird ausgeschlossen. Das Organ, das uns von Beginn an durch Zweiheit auf Sozialität einstellt, wird als nicht-existent erklärt bzw. auf seine scheinbar ausschließlich biologischen Versorgungsfunktionen reduziert, wie die deutsche Wortkomposition »Mutterkuchen« als Synonym andeutet. »Kuchen« dürfte sich etymologisch aus dem Grundnahrungsmittel Brot entwickelt haben, wobei vielen Kuchenarten der Herstellungsort namentlich beigefügt wird. Die häufigsten lateinischen Namen für Kuchen sind *Libum* und *Placenta,* wobei es sich beim Libum um einen fladenförmigen Opferkuchen handelt, der meistens den Göttern an den Geburtstagen dargebracht wurde. Daraus hat sich der bei uns noch erhaltene Brauch des Geburtstagskuchens entwickelt.

In der modernen Welt wird das Kind durch die Plazenta-Entsorgung rückwirkend als isoliertes Subjekt präpariert. Hier ist der Start des modernen Individualismus in der zweiten Hälfte des 18. Jahrhunderts, der mit vorgestellter Einzelhaft im Mutterschoß bzw. dem Ignorieren der pränatalen Zweiheit beginnt. Man könnte sagen, der Wert des Menschen als Einzelner wurde mit dem Abstieg des Zweiten in den Abfall erkauft. Die Abnabelung ist der Eintritt in eine Sphäre der Ich-Bildung, d.h. mit der schnitthaften Trennung vom Ur-Begleiter, der Plazenta, beginnt die erste Individualisierung: »Schneiden heißt mit dem Messer Individualität konstatieren.« (Sloterdijk 1998: 392) Der Bauchnabel ist die Erinnerung an das erste Individualisierungsdrama. Daran wird sehr deutlich, was später bei Anthony Giddens (2001) oder Ulrich Beck als »disembedding« und »embedding« wieder aufgenommen werden wird und was wir als Grundprozess der Individualisierung bezeichnen wollen: Individualisierung ist ein prozessualer Vorgang, der sowohl die Loslösung aus als auch die Wiedereingliederung in eine neue soziale Sphäre umfasst: Raus und Rein.

Einer geglückten Herausbildung von Individualität geht immer eine Ablösung aus einer sozialen Sphäre voraus – und dann muss sich der Akteur, mit Sloterdijk gesprochen, in ein neues Innenraumklima einfügen. Diese Ablösung wird oftmals als unangenehm empfunden oder von Außenstehenden zumindest als unangenehm zugeschrieben oder gedeutet. So ist etwa mit der Abnabelung das Ende der sehr komfortablen Blut- und Nahrungsversorgung durch die Mutter unwiderruflich beschlossene Sache. Das Gleiche gilt für die Atmung. Man könnte sagen, es hat ein Bruch von Kommunikation stattgefunden, der durch andere Kommunikationsformen substituiert wird (z.B. Ernährung durch Stillen, vgl. Kapitel II). Aus der Perspektive des Kindes kann man dies als Befreiung deuten, wenn man die Entbindung versteht als »Anhaftung des Kindes ans Offene, ans Unabsehbare, ans Ungewisse. Im Erleiden der Entbindung fällt das zur Welt gebrachte Kind für sich nirgendwo anders hin als in die Schwere der Freiheit.« (Sloterdijk 1988: 111)[5] Wir werden noch sehen, dass diese neue Kommunikation einen weiteren Schritt der Individualitätsproduktion darstellt. Hier ist schon erkennbar, dass beim Übergang in eine andere Luftsphäre der Gebrauch der Stimme zur Beeinflussung der Mutter an Relevanz gewinnt, denn »[d]raußen sein heißt Rufenkönnen; ich rufe, also bin ich.« (Ebd.: 399) Jedes Schreien eines Säuglings macht dies unmissverständlich deutlich. Bereits an dieser Stelle wird absehbar, dass der Prozess des Raus und Rein abgeschlossen sein muss, um die Individualisierung zu vervollständigen. Denn wenn das Rein, die Überführung in eine andere Sozialsphäre, misslingt, wenn die neuen Substitute nicht akzeptabel sind, z.B. weil die neue Luft nicht ausreicht, dann stirbt das Kind.

Halten wir also fest: Die Perspektive der »negativen Gynäkologie« der Individualitätsbildung stellt heraus, dass das, was sich Individuum nennen darf und kann, immer schon sozial zu denken ist. Alle Geburten sind Zwillingsgeburten, niemand kommt ohne Begleiter in die Welt. Und erst durch den anonymen, später entschwisterten Zwilling wird Individualisierung möglich. Die Kehrseite ist, dass diese erste Entwicklung zum Individuum in Zweiheit sogleich Bedingung dafür ist, dass die Individualisierung durch immer weitere hinzutretende Pole der Sozialität voranschreiten kann. Anders formuliert: Das sich immer weiter manifestierende Individuum ist per se zur Gemeinschaftlichkeit befähigt. Dies wird auch notwendig, denn mit Entsorgung der Plazenta im Geburtsprozess bleibt von den Zweien nur das Eine übrig, jenes angeblich Unteilbare, das eine sphärische Leerstelle hinterlässt. Diese Leerstelle wird aber schnell wieder gefüllt! Denn weiterhin kann man ein Selbst nur im Zusammenhang des Sozialen entwickeln.

2. Die kommunikative Ausbildung des Selbst (Georg Herbert Mead)

Dass ein Selbst sich immer nur in einer sozialen Umgebung ausbilden kann, wird vor allem vom amerikanischen Pragmatismus angeführt, der namentlich insbesondere mit Georg Herbert Mead (1968; vgl. Joas 1989) verknüpft ist.[6]

In der amerikanischen Soziologie Anfang des 20. Jahrhunderts hatte die mit Mead verknüpfte Denkrichtung einen großen Einfluss, wobei besonders die Soziologen der so genannten Chicagoer Schule das Individuum, sein Selbst und seine Beziehung zur unmittelbaren Umwelt in den Mittelpunkt rückten. Der in der amerikanischen Theorie verankerte Pragmatismus zielt darauf ab, dass sich Wissen und Moral in einer praktischen Beziehung zwischen dem Handelnden und seiner Umwelt entwickeln. Besonders die symbolische Natur des sozialen Lebens wird betont, die aber nicht von »oben«, oktroyiert durch die großen kulturellen Systeme, her betrachtet wird, sondern von »unten«, aus einer mikrosozialen Perspektive. Meads Beitrag ist vielleicht der wichtigste und bildet die Grundlage des später so genannten Symbolischen Interaktionismus, wobei Mead in besonderer Weise Evolutionstheorie und Behaviorismus verknüpft. Letzterer begreift Verhalten als Antwort auf Reize. Der Begriff »Feuer« dient beispielsweise als Stimulus zur Furcht. Werden Reize mit einer Symbolik aufgeladen, wenn der Reiz also auf etwas verweist, was über ihn hinausgeht, dann spricht man von einer Gebärde. Gebärden wecken Reaktionen (Drohen z.B. ist mehr als die-Faustheben). Wenn zwei Akteure ihr Verhalten über Gebärden koordinieren, d.h., wenn die Reaktion auf eine Gebärde selbst wieder eine Gebärde ist, nennt Mead dies Kommunikation. Wenn man fragt: »Wissen Sie, wie spät es ist?«, dann ist dies eine Gebärde, auf die jemand die eigene Uhr vorzeigen könnte. Man könnte aber auch einfach nur »Ja« sagen. An diesem alten Witz erkennt man, dass die Bitte ein signifikantes Symbol ist, das normalerweise beide Akteure in ihrem Verhalten anleitet. Das signifikante Symbol ist ein Kommunikationsmedium, das an und für sich unwahrscheinliche kommunikative Koordination ermöglicht.

Mead will nun die Universalisierung von signifikanten Symbolen erklären. Er geht davon aus, dass Symbole in dem Maße universeller werden, in dem der Bereich sozialer Interaktionen wächst, immer mehr Kreise abgedeckt werden und letztlich jede Kommunikation die gleiche Situationsdeutung bei den Beteiligten auslöst, z.B. innerhalb einer Sprachgemeinschaft. In ähnlicher Weise erklärt Mead das Entstehen des menschlichen Denkens (und damit einen wesentlichen Teil des Verständnisses über sich selbst als Individuum!) als internalisierte Kommunikation. Im Denken nimmt der Mensch die Reaktionen auf seine Intentionen, die in signifikanten Symbolen ausgedrückt werden, vorweg. Der erste Schritt des internalisierten Denkens geschieht – hier wird man mit der Perspektive der negativen Gynäkologie bezüglich des Zeitpunktes leise Zweifel anmelden –, wenn das Kind mit den Eltern spricht. Dann folgt im Entwicklungsprozess ein ausschließlich auf sich selbst bezogenes Sprechen, woraus eine immer abstraktere Antizipation der Reaktionen Anderer auf die eigenen Intentionen entsteht. Auf diese Weise entwickelt sich nach Mead menschlicher Geist aus sozialer Kommunikation. Man kann dies pragmatistisch nennen, weil Denken als innerliche Vorwegnahme des praktischen Verhaltens betrachtet wird. Evolutionär ist diese Perspektive, da sie Denken als Entwicklung im Trial-and-Error-Verfahren betrachtet. Und der sozial-behavioristische Aspekt kann in der These gesehen werden, dass Denken sozialer Kommunikation entspringt.

Neben der Sprachfähigkeit gibt es eine weitere Eigenschaft des menschlichen Individuums, die besonders ist: sein Selbst. Dieses Selbst wird als organisierendes Zentrum der Erfahrungen, Gedanken, Motive, Vorhaben verstanden; es bildet eine vermittelnde, eigenständige und unterscheidbare Einheit zwischen Organismus und sozialer Umgebung. Das Selbst entwickelt sich ebenfalls in Interaktion mit der sozialen Umgebung und in sozialer Kommunikation: Man lernt im Laufe der Zeit, sich als eigenständige Person zu betrachten, insoweit Andere auf das reagieren, was man tut, man lernt, dass diese Anderen da etwas sehen, das für die Handlungen verantwortlich ist – z.B. durch die Wiederholungen der Mutter: »Du bist ein tapferes Mädchen.« Wichtig ist: Das Selbst kann sich nur durch Reflexion in sozialen Kontexten entwickeln, weil das jeweilige Gegenüber zwingt, sich selbst als Verursacher von Reaktionen in den Blick zu nehmen.

Mit der Partizipation an immer mehr sozialen Kreisen erfahren Akteure immer mehr Perspektiven auf sich. Dies beinhaltet die Möglichkeit, sich seines Selbst weitergehend bewusst zu werden, da man immer mehr verschiedenartige Haltungen anderer Akteure in sich aufnehmen kann. Die relevante Frage ist dann, wie diese unterschiedlichen Selbste, die im Rahmen der Teilnahme an unterschiedlichen Gruppen gewonnen werden, zu einer Einheit organisiert werden können. Meads Antwort ist, dass die Akteure den identitätsstiftenden Charakter der Perspektiven der Anderen erkennen. Dieser Charakter wird immer allgemeiner, abstrakter, je größer und zahlreicher die sozialen Kreise werden. Mead demonstriert dies an der Unterscheidung von »play« (Spiel) und »game« (Wettkampf) in der kindlichen Entwicklung. Im Spiel beziehen sich Kinder nicht koordiniert aufeinander, sondern spielen für sich und übernehmen dabei die Rollen »signifikanter Anderer« (z.B. Vater, Mutter). Sie interagieren symbolisch mit diesen Anderen und verinnerlichen deren Meinung über sich selbst. Es handelt sich um Spiele mit imaginierten Partnern; eine Beziehung als Ganzes, d.h. eine Einheit der Selbste, ist nicht gegeben. In Wettkämpfen dagegen begegnen sich Kinder in aufeinander bezogenen Rollen, spielen als Team strukturiert und nicht mehr nacheinander einzeln miteinander. Diese Koordination verlangt allerdings ein Wissen um das Verhalten aller anderen Rollen sowie eine Vorstellung von der Idee des Spiels an sich (etwa Streben nach Leistung, z.B. um Sieg oder Niederlage). Je mehr das Kind diese organisierte Einheit verinnerlicht, desto mehr bezieht es sich auf einen »generalisierten Anderen«. Damit wird die innere Teilung des Selbst überwunden und ein generalisiertes Selbst erreicht, das wiederum mit Partizipation an weiteren sozialen Kreisen allgemeiner wird. Nach Mead erhöht diese Generalisierung die Autonomie des Selbst, d.h. es macht sich in diesem Prozess zugleich unabhängiger von den Maßstäben einzelner Akteure.

Individualisierung, so könnte man reformulieren, bedeutet hier ein Raus aus der beschränkten Sicht und ein Rein in die verallgemeinernde Perspektive. Dabei ›verschmilzt‹ der Akteur aber nicht mit dem sozialen Raum, wie man vielleicht befürchten könnte, sondern er hat noch Platz für Individuelles. An dem Prozess der Interaktion, in dem sich das Selbst als Einheit entwickelt, sind nämlich zwei Komponenten beteiligt: die spontane Aktivität (»*I*«) als Reaktion auf die Reaktionen Anderer sowie die bereits genannte Verinnerlichung, das »*Me*«. Das Selbst ist also eine Art Zwei-Komponenten-Kleber aus »*I*« und »*Me*«, die sich wechselseitig unterstützen, so dass hier mit Mead (1968) kein Widerspruch zwischen wachsender Individualität und Sozialität angenommen wird.

Wenn man die dargelegten Grundlagen der Entwicklung des Akteurs bei Sloterdijk und Mead zusammennimmt, kann man vor allem deutlich machen, dass das, was wir als Individualisierung bezeichnen, seinen Ausgangspunkt in einem immer schon sozialen Individuum hat: Der Akteur ist immer schon sozial und individualisiert sich von da aus. Beide Perspektiven betonen, wenn auch aus verschiedenen Blickwinkeln und mit Fokus auf unterschiedliche Zeiträume, das Soziale als Startpunkt. Das bedeutet, dass jede »Individualisierung« mit einem Bruch aus der jeweiligen, spezifisch zu bestimmenden sozialen Einbettung beginnt. Umso genauer wird man hinschauen müssen, worin es sich dann wieder neu einbettet. Das ist die zweite These: Das immer schon soziale Individuum bleibt sozial und Individualisierung beschreibt lediglich den Vorgang des Wechsels sozialer Einbettungen.

II. Das sozialisierte Individuum bei Freud und Parsons

Wir können nun, da wir wissen, dass Akteure immer schon sozial sind, noch einen weiteren Blick darauf werfen, wie der von Sloterdijk beschriebene Prozess nachgeburtlich bis zum Einsetzen der von Mead betonten Kommunikationsnotwendigkeit zur Ausbildung eines Selbst anläuft. Sehen wir uns demnach den frühen Sozialisationsprozess an.

Wir hatten bereits erwähnt, dass die frühe Kindheit zumindest in der zeitgenössischen allgemeinen soziologischen Theorie kaum zur Kenntnis genommen wird. Eine Ausnahme ist vielleicht der Neo-Pragmatismus, wenn er etwa die Erzeugung eines Körperschemas als notwendige Voraussetzung für die Möglichkeit des Handelns behauptet (vgl. Joas 1992: 245ff.) – woran es in den frühen Babyjahren noch mangelt, was etwa im täglichen Kampf gegen die Schwerkraft sichtbar wird. Eine solche Sichtweise ist allerdings selten, eher kann man den Eindruck gewinnen, für die meisten Soziologen starte das handlungsfähige Dasein individualistisch bzw. egozentristisch, ohne die sozialen Voraussetzungen für diesen Individualismus bzw. Egozentrismus mitzuführen.

Wenn wir also wissen wollen, wie es an die pränatale Sozialität anschließend und nach dem mehrfachen Hüllenbruch mit der Individualisierung weitergeht, dann lohnt es sich, Talcott Parsons' Sozialisationstheorie (1977) heranzuziehen. Normalerweise wird diese im soziologischen Diskurs daraufhin gelesen, wie Werte in den Menschen eingetrichtert werden können – was dann in einem Zuge zugleich als »over-socialized« (Wrong 1961) kritisiert wird, mit der weiterführenden Konsequenz, dass man auch an der Kritik, Parsons habe die Entstehung der von ihm für soziale Ordnung notwendig erachteten Normen nicht erklärt, weiter festhalten kann. Wir müssen uns hier auf diesen Theoriediskurs mit seinen Immunisierungsstrategien nicht weiter einlassen, sondern sehen in Parsons' Sozialisationstheorie einen Vorschlag, wie man die weitergehende Individualisierung im Zusammenspiel zwischen Persönlichkeitsentwicklung und Sozialstruktur verstehen kann – unmittelbar beginnend mit der Geburt, sozusagen als

Scharnier zwischen Sloterdijks negativer Gynäkologie und Meads pragmatistisch-kommunikationstheoretischer Identitätstheorie! Das In-der-Welt-Ankommen, das Sloterdijk beschreibt, ist auch bei Parsons nichts, was mit einer wie auch immer gegebenen Rationalität des Akteurs zu tun hat, sondern eher etwas, das ihm geschieht. Anders formuliert: Individualisierung ist nichts, was wir uns aussuchen können oder auf das wir qua Vernunft Einfluss nehmen könnten.

1. Die vom Über-Ich geprägte Persönlichkeit (Sigmund Freud)

Um zu verstehen, worauf Parsons hinauswollte, müssen wir etwas ausholen, denn er hat dieses Theoriestück im Anschluss an Sigmund Freuds (1990) Arbeiten zur Differenzierung der Persönlichkeit in Es, Ich und Über-Ich entwickelt. Rekapitulieren wir kurz Freuds Theorie: Es geht dabei um die Frage, wie der Akteur sein individuelles Triebschicksal unter kulturellen Repressionen handhabt. Freud legt vor allem Wert darauf, dass die handlungsleitenden Orientierungen unbewusst bleiben, was den unfreiwilligen Charakter des Prozesses unterstreicht. Grundsätzlich geht Freud davon aus, dass Gene keine starren Verhaltens- und Reaktionsweisen festlegen und alle Verhaltensmuster dem Menschen kulturell und kommunikativ vermittelt werden müssen. Insbesondere die Familie wirkt so auf den ontogenetischen Prozess des Akteurs in den frühen Jahren ein. Freud sieht die kulturellen Einschränkungen der Organisation von Sexualität im Mittelpunkt dieses Prozesses, mit wesentlichen Auswirkungen auf die Ausbildung des individuellen Charakters (›Individualisierung durch Libido-Organisation‹, so könnte man sagen), denn das Individuum wird durch die Gesellschaft genötigt, frühzeitig Immunsysteme gegen das eigene Triebverlangen auszubilden. Je weniger eine Versöhnung von Wollen und Müssen in dieser Hinsicht gelingt, desto mehr kommt es zu neurotischen Konfliktlösungen. Da man zu jung ist, um dies intellektuell anzugehen, sind die entscheidenden Vorgänge affektiver Natur. Insgesamt ist für Freud die Ausbildung der individuellen Persönlichkeit das Ergebnis eines

Dauerkonflikts von erotischem Begehren und libidofeindlicher Umwelt.

Von hier aus kann man den Weg zu Freuds psychoanalytischer Theorie der Persönlichkeit einschlagen. Der verallgemeinerte Ansatz, dem auch Parsons folgt, ist, dass die Persönlichkeit sich in Organismus-Umwelt-Beziehungen entwickelt. Dieses evolutionstypische Gedankengebäude hat Freud mit einem Strukturmodell der Persönlichkeit ausgeschmückt, nach dem sich die Psyche bis zur Entwicklung eines Erwachsenen in drei funktional unterschiedliche Einheiten ausbildet: Es, Ich, Über-Ich. Das *Es* ist die Repräsentation der naturhaften Einflüsse – hier ist der bedingungslose Drang nach Lusterfüllung lokalisiert. Im Es gibt es keine Moral, keinen Raum, keine Zeit und auch keine Logik. Das *Ich* wird als individualgeschichtlich herausgebildete Dämpfungsinstanz des Es verstanden, das für die Anpassung des Es an die soziale Umwelt nach dem Realitätsprinzip sorgt. Der zumeist unter Männern als Witz gemeinte Spruch: »Man kann nicht mit allen Frauen schlafen, aber man kann es versuchen«, zielt genau auf die Relation von Es zum Ich, wobei – und darin soll der Witz eben liegen – die Verschiebung vom Ich zum Es als wünschenswert gedeutet wird. Die dritte, das Gesellschaftliche vertretende Instanz, die sich zwischen realisierbare Interessen und reine Triebe schiebt, ist das *Über-Ich*, das – vermittelt über die Familie – qua Moralität und kultureller Ideale dann als schlechtes oder gutes Gewissen im Individuum wirkt. Dass man den genannten »Witz« als politisch unkorrekt und eventuell als abstoßend empfindet, ist folglich dem Über-Ich geschuldet. In den verschiedenen Entwicklungsphasen des Individuums ist zur Bildung des Über-Ichs für Freud jener psychische Konflikt besonders wichtig, der durch die Ausrichtung auf die beiden Elternteile als gegengeschlechtliche Akteure erzeugt wird: der Ödipus-Komplex, der seinen Ausgangspunkt in der Sexualisierung der Beziehung zu den Eltern als Objekte der libidinösen Triebwünsche hat. Wir gehen davon aus, dass wir uns eine ausführliche Darstellung und Kritik dieser Theorie sparen können; Freud selbst hat seine Theorie als ziemlich spekulativ ausgewiesen. Der zentrale Kritikpunkt ist denn auch, dass verschiedene Annahmen empirisch nicht bestätigt werden konnten, wie beispielsweise der Ödipus-Komplex als zentrales Modell der Entwicklungskrise der Kindheit. Wichtig ist in unserem Zusammenhang die Einsicht eines unvermeidbaren sozialen Eingebundenseins im Prozess der Persönlichkeitsentwicklung. Hier findet Parsons seinen Anschluss.

2. Die interaktionistische Herausbildung des Individuums oder: die Fortsetzung des Individualisierungsdramas in der Mutter-Kind-Interaktion (Talcott Parsons)

Zunächst erkennt Parsons die Grundthese Freuds z.B. in Émile Durkheims Theorie zur Moralentwicklung (1999) wieder, der ebenfalls die Bedeutung von gesellschaftlichem Zwang zur Entwicklung von Moralfähigkeit hervorgehoben hatte (vgl. Kron/Reddig 2003), wobei diese normativen Zwänge nicht von außen wirken, sondern von innen: »Wertmuster [werden] als Teil der Persönlichkeit verinnerlicht.« (Parsons 1977: 27) Freuds Vorstellung des Über-Ichs sind also durchaus an andere Entwicklungstheorien der Persönlichkeit anschlussfähig. Parsons will diesen Gedanken nun so verallgemeinern, dass die Aussagen für die Entwicklung der Persönlichkeit *und* für die Entwicklung der Gesellschaft allgemein gültig sind. Dies ist es, was Parsons für uns im Kontext von Individualisierung interessant macht.

Der Verbindungspunkt zwischen Persönlichkeits- und Gesellschaftsentwicklung, der, wie Parsons kritisch anmerkt, bei Freud fehlt, ist die *Analyse der Interaktion.* Wenn zwei Personen interagieren, dann können Aggregat-Eigenschaften erzeugt werden, die nicht auf die *einzelnen* Beteiligten rückführbar sind (vgl. auch zur epistemologischen Relevanz für die Soziologie Hedström 2008). Die Untersuchung eines solchen Systems will Parsons in beide Richtungen führen; bezogen auf die beteiligten Persönlichkeiten in Wechselbeziehung zueinander und bezogen auf die Funktionsweise des Systems. Parsons betont hier, dass ein Interaktionssystem aufgrund der instabilisierenden Elemente der Akteure kaum funktionieren könne, wenn es nicht eine gemeinsam geteilte Kultur gäbe. Erst ein Symbolsystem orientiert die Akteure hinreichend sozialverträglich, denn es ist die Sozialkultur, die normative »Standards« durchsetzt und die Individuen in kognitiven, kathektischen und evaluativen Fragen anleitet. Was ist gegeben? Wie hat man sich zu fühlen? Was ist gut, was schlecht? Ohne die kulturell dem Individuum angetragenen Antworten auf diese Fragen würden die höchst idiosynkratischen Eigenschaften der Individuen im handelnden Zusammenwirken längerfristig die notwendige Stabilität blockieren, etwa weil keine gemeinsam getragenen Standards für den Umgang mit knappen Ressourcen durchgesetzt werden können. Was folglich Individuen in Interaktion füreinander sind, kann nur in dem (wertsetzenden) Rahmen verstanden werden, der sagt, was sie sein sollten. An dieser Stelle ordnet Parsons das Freud'sche Über-Ich ein, das er als Teil der Persönlichkeitsstruktur im Rahmen der Beziehung zwischen Persönlichkeit und Sozialkultur ansiedelt.

Seine Kritik an Freud ist dabei, dass der normativ-kulturelle Bezugsrahmen (das Über-Ich) nicht einfach von außen herangetragen wird, sondern in Interaktionen erworben werden muss. Bei Freud ist es das Ich, das sich den Über-Ich-Erwartungen anzupassen versucht. Parsons dagegen nimmt an, dass mit der Ich-Entwicklung erst die Bedingung für das Einverseelen von Über-Ich-Erwartungen gegeben ist: Er kritisiert die Trennung von Über-Ich und Ich. Anders formuliert: Die kognitiven, kathektischen und evaluativen Orientierungen werden erworben und sind nicht einfach gegeben, wie Parsons am Beispiel des Erlernens von Geschlechterrollen demonstriert, davon ausgehend, dass die später auffindlichen Differenzen biologisch nicht in der frühen Entwicklung angelegt sind, sondern erlernt werden. Der Startpunkt dieser Lerngeschichte ist die Beziehung zur Mutter. Wir sind also bei jenem Zeitpunkt angelangt, bei dem das Kind zur Welt und damit in einer neuen Sozialsphäre angekommen ist, aber noch keinen generalisierten Anderen ausgebildet hat.

Zunächst stellt Parsons in einer weiteren Kritik an Freud fest, dass es bei der Versorgung des Kindes durch die Mutter nicht ausschließlich um die Befriedigung wechselseitiger Bedürfnisse, sondern ebenfalls um das Erlernen symbolischer Bedeutungen des komplizierten Systems von Handlungen der Mutter geht:

Nach Parsons vernachlässigt Freud auch im Prozess der Objektbesetzung die Analyse der Interaktion, vor allem, wenn es um affektive Attitüden, um den »expressiven Symbolismus« geht (um das, was man fühlen soll). Erst durch Interaktion lernt das Kind, was die Handlungen der Mutter (als Symbole) über deren Befindlichkeiten aussagen und wie dies mit den eigenen Handlungen zusammenhängt. An dieser Stelle erfolgt ein Übergang von der Lust- zur Liebesabhängigkeit. Die These von Parsons ist, dass die Verinnerlichung einer gemeinsam geteilten Kultur wesentlich dafür ist, Gefühle ausdrücken, deuten und damit andere Akteure überhaupt verstehen zu können. Erst die interaktiv erzeugte Verinnerlichung als aktiver Wechselwirkungsprozess erlaubt, Gebote und Verbote überhaupt zu begreifen. Das bedeutet, dass der Prozess der Verinnerlichung von Kultur das kognitive Bezugssystem, den expressiven Symbolismus und das System moralischer Maßstäbe betrifft (Parsons 1997c: 38).

Diese Kritik erzwingt die Modifikation der Strukturtheorie der Persönlichkeit von Freud. Parsons nimmt an, dass erstens nur Symbole verinnerlicht werden können: Ein Objekt kann man »besetzen«, bewerten, aber nicht als Ding einverleiben – Kannibalismus einmal ausgenommen. Eine gemeinsame Kultur ist also Teil einer Persönlichkeit, aber eben nicht die gesamte Persönlichkeit. Zweitens zwingt das Erlernen der Kultur zur Übernahme oder Abgrenzung derjenigen Rolle, die das Objekt der Identifizierung innehat. Selbstverständlich muss man die Rollenübernahme und die Anwendung einer Rolle unterscheiden, aber wichtig ist hier Parsons, *dass* der Prozess über die Rolle läuft. Drittens ist die Identifizierung von einer positiven Besetzung des Objekts abhängig, denn sonst wird die Eingliederung in die eigene Persönlichkeit zumindest schwierig.[7] Viertens muss der Akteur seine eigene affektive Organisation re-organisieren, d.h. selbst Komplexität aufbauen, um symbolische Bedeutungen zu erlernen. Der Mechanismus dazu ist nach Parsons der Aufbau von Bindungen an andere Personen, da derartige neue Bindungen zu einer Verallgemeinerung von Affekten führen. Insgesamt folgert Parsons, dass auch das Ich, das in äußere Welt und Kultur unterschieden werden kann, internalisiert wird und dass das Es als Teil des symbolischen Systems zu verstehen ist. Wie genau funktioniert aber nun der Zusammenhang zwischen Kultur/Sozialstruktur und Persönlichkeit?

Die Schnittstelle zwischen psychoanalytischer und soziologischer Theorie wird in der Objektbeziehung gesehen, d.h. wichtig ist das Verhältnis von Organismus und Umwelt. In einer Analogie zur Pflanze kann man sagen, dass der genetisch disponierte Organismus z.B. die Form festlegt (etwa von Blumen), die relevanten Unterschiede in den Ausprägungen jedoch durch die Umwelt erzeugt werden, in der sich der Organismus entwickelt (z.B. durch die Lichtgebungsverhältnisse). In ähnlicher Weise muss man nach Parsons die Integration der Persönlichkeit in das soziale System sehen. Grundsätzlich wird von der Annahme ausgegangen, dass Menschen biokulturelle Wesen sind, dass also die genetische Konstitution bestimmte Anlagen und Fähigkeiten vorgibt, die kulturell ausgeformt werden (z.B. die Sprachfähigkeit). Diese kulturelle Ausformung geschieht im Sozialisationsprozess und nimmt seinen Ausgang im Handeln von Personen, die für die Befriedigung der Bedürfnisse des Kindes verantwortlich sind (in erster Linie die Mutter, solange man vom natürlich vorgegebenen Vorgang des Stillens ausgeht). Das dominierende Bedürfnis des Kindes ist das Erhalten von Nahrung. Hier nun erfolgt ein erster wichtiger Analyseschritt der Interaktion: Unter bestimmten Bedingungen wird die Befriedigung dieses Bedürfnisses zu einer *Belohnung*, zu einem Verweis auf etwas, das außerdem vorliegt: dem Handeln der Mutter. Das Handeln der Mutter als Nahrungsgebende erhält Bedeutung, wenn das Kind lernt, dass die Triebbefriedigung sowohl vom Handeln der Mutter als auch vom eigenen Handeln abhängt. So lernt der Säugling, die angeborene Saugreaktion nicht nur dem reinen Bedürfnis anzupassen, sondern auch, »wie e[r] seine Lippen bewegen muss, welche Haltung die beste ist, wann e[r] Anstrengung aufwenden und wann e[r] sich entspannen muss usw., denn die Milchmenge, die e[r] erhält und die Leichtigkeit, mit der e[r] sie erhält, sind in beträchtlichem Maße von seinem eigenen zielorientierten Handeln abhängig« (Parsons 1997a: 107). Der Einfluss der Mutter auf das Saugverhalten des Kindes, angefangen von vorgegebenen Stillzeiten und Milchmengen bis zur Art, wie der Säugling gehalten wird, machen deutlich, dass das Mutter-Kind-Verhältnis über rein physiologische Bedürfnisbefriedigung hinausgeht, wobei sich die Mutter in der dominierenden Machtposition befindet (etwa weil sie die Zeitabstände der Stillzeiten kontrolliert).

Insgesamt liegt eine Situation sozialer Interaktion vor. Sowohl Mutter als auch Kind handeln im Sinne Max Webers sozial, d.h. sie orientieren sich mit ihrem sinnhaft ausgerichtetem Verhalten an dem Handeln eines Anderen. Das Kind entwickelt dabei ein Motivsystem, das *nicht* nur an der reinen Bedürfnisbefriedigung ausgerichtet ist, sondern ebenso an dem damit verbundenen Handeln, das die Reaktionen der Mutter auf das eigene Handeln umfasst. Parsons (ebd.: 108) folgert: »Der Säugling wird somit schon in den ersten Wochen, wenn nicht Tagen seines Lebens in ein soziales System integriert.« In diesem Interaktionssystem wird dem Säugling über Sanktionen (z.B. das Entziehen der Mutterbrust bei zu starker Saugstärke) ein Verständnis für die Folgen spezifischer Handlungen vermittelt, die dieser bei konsistentem Vorkommen zu einem Muster generalisieren kann. So kann er z.B. eine Saugstärke entwickeln, die der Stillenden angenehm ist und somit die angenehme Zeit des Stillens verlängern. Für den Säugling ergibt sich dadurch eine bestimmte Organisation seines Verhaltens, welches sich auch an den Intentionen der Mutter orientiert. Dabei muss das Kind zwei Probleme lösen: Erstens muss es die Bedingungen verstehen, von denen die Belohnungen abhängen. Wichtig ist hier weniger Rationalität oder Geist als vielmehr Redundanz. Zweitens wird es geneigt sein, sich die Frage zu stellen, wie das eigene Handeln allgemein so ausgerichtet werden kann, dass *generell* Befriedigung erzeugt wird. Anders formuliert: Wie kann man nicht nur spezifisch der Mutter gefallen, sondern allgemein den Erwartungen Anderer entsprechen? Auch hier hilft Rationalität wenig weiter, sondern eher das Zusammenfassen spezifischer Elemente zu Mustern, wobei Parsons bezüglich des genauen Mechanismus der Mustererkennung unklar bleibt.

Wichtig ist für unseren Zusammenhang der Phase nach dem In-die-Welt-Kommen, dass die Mutter der einzige Vermittler ist und dies in fast immer gleicher Art und Weise. Das Kind lernt, der Mutter Intentionen zuzuschreiben, denn die Handlungen der

Mutter hängen offensichtlich von Handlungen des Kindes ab. Das Kind figuriert, dass die Mutter erstens die eigenen Handlungen sanktioniert und zweitens, dass die Mutter relativ systematisch sanktioniert, was eine gewisse Generalisierung und damit die anpassende Ausbildung komplementärer Reaktionsmuster erlaubt. Dieser Prozess der Herausbildung der neuen Persönlichkeitsstruktur des Kindes ist insgesamt der Knotenpunkt zweier analytisch getrennter Seiten: eine organismus- und damit bedürfnisorientierte innerliche Seite und eine umweltorientierte äußerliche Seite. Dabei kann die äußerliche Seite durchaus dominieren, wenn das Kind z.B. versucht, sich über die Nahrungsaufnahme das Wohlwollen der Mutter zu sichern. Das Bedürfnis nach Liebe wird zu einem wesentlichen Teil der sich herausbildenden Persönlichkeitsentwicklung, es entsteht eine »erotische« Bindung zwischen Mutter und Kind: »The closer the relationship, the more the child will identify his or her mother. Both from a unit of social attachment; identification of the child with mother grows. Identification with its mother is the basis of the child's conformity to mother's norms. In this way the Superego begins to emerge in a preliminary form; inclusion takes place.« (Münch 1994, Bd. 2: 89)

Durch ein von der Mutter auferlegtes, verallgemeinerbares Regelmuster von Sanktionen entsteht beim Kind ein System innerer Kontrollen über die eigenen Triebe, wobei es lernt, auf die Intentionen der Mutter zu reagieren. Hier sieht Parsons die Identifizierung als neue Organisationsform des Ichs mit Beziehung zu einem sozialen Objekt gegeben. Lust ist sozusagen das innere Vehikel, während die Strukturierung das äußere Medium der Generalisierung darstellt. Im Ergebnis hat das Kind gelernt, auf Erwartungen zu reagieren, bzw. überhaupt erst Erwartungen ausgebildet, wenn Befriedigungen/Versagungen als Intentionen der Mutter gedeutet werden. Diese Erwartungen sind dann höherrangig, d.h. sie orientieren das Handeln mehr als das reine Bedürfnis, so z.B. die in der Liebe zur Mutter mitschwingenden Erwartungen im Gegensatz zum Bedürfnis der Nahrungsaufnahme. »Identifikation« bedeutet, dass das Kind lernt, eine Rolle in einem Kollektiv zu spielen, die mit anderen Rollen komplementär ist und mit dem generellen Wertmuster übereinstimmt. Dass sich in diesem Prozess das Ich entwickelt, kann als Individualisierung verstanden werden. Bereits die ersten Tage der Sozialisation setzen die Entwicklung der Vergesellschaftung *und* Persönlichkeitsentwicklung fort, die pränatal vorgeprägt wurde.

Je mehr die Interaktion über die Mutter hinaus erweitert wird, desto mehr Identifikationspunkte für die weitere Entwicklung erreichen das Kind. In Parsons' (1997b) Perspektive sorgt das Inzest-Tabu dafür, dass die Liebe zur Mutter unerfüllt bleibt und man sich anderweitig orientieren muss. Der Vater etwa wird wichtiger, der einerseits die erste Störung der ödipalen Phase des Kindes symbolisiert, andererseits erweiterte gesellschaftliche Normen repräsentiert (und dies alles unter einer gewissen affektiven Neutralität). Zwar kann man anmerken, dass Parsons offensichtlich das klassische Bild der Mittelstandsfamilie der 1950er Jahre im Kopf hatte. Der basale Mechanismus, die frühe Bindung an ein Objekt, die durch weitere Bindungen später ergänzt wird, bleibt davon aber unberührt, wenngleich Parsons dies nicht z.B. für die Kombination eines (mit der Flasche) fütternden Vaters und einer vollzeitberufstätigen Mutter innerhalb einer Patchwork-Lebensabschnittspartnerschaft ausgeführt hat. Mit jedem Eintritt in einen neuen sozialen Kreis – Kindergarten, Schule, Ausbildung, Arbeit – werden neue Objektverlusterfahrungen gemacht und durch neue Gewinnerfahrungen aufgefangen. Entsprechend differenzierter entwickelt sich die Persönlichkeit, d.h. sie wird stets neu organisiert, wenn weitere Orientierungsmuster erworben werden, was immer ein Stück weit mit einer Ablösung von der Ursprungsbindung einhergeht.

In anderen Worten formuliert: Was Parsons als komplexes Muster von Identifikationen beschreibt, ist letztlich wiederum der Dynamik des Raus und Rein geschuldet, insofern das Kind in eine Interaktion versetzt wird, sich mit dem Interaktionsobjekt identifiziert, um dann aus diesem Interaktionssystem und Objektbezug rausgerissen und zugleich in ein weiteres Interaktionssystem mit anderen Objekten eingegliedert zu werden. Dabei werden dem Akteur immer mehr allgemeine gesellschaftliche Regeln einverseelt. Das Ergebnis ist eine Persönlichkeit, die – wenn alles gut läuft – höhere Stufen intelligenten Verhaltens erreicht (Es), zur kompetenten Entscheidungsbildung fähig ist (Ich), verschiedenste Solidaritätsbeziehungen koordinieren kann

(Über-Ich) und zur Verallgemeinerung von Werten fähig ist (Ich-Identität) (vgl. Münch 2004: 61).

Die fortschreitende Neu-Organisation des Ichs – Individualisierung – besteht in dieser Argumentationsfigur des »sozialisierten Individuums« in der Ausbalancierung äußerer Bedingungen und innerer Bedürfnisse im Prozess des Raus und Rein. Der Vorgang des Auflösens und Neu-Eingliederns setzt sich fort: Während gegebene Einheiten zerfallen (Mutter-Kind, Eltern-Kind, Peer-Group) und durch neue Einheiten wesentlich ergänzt (nicht ersetzt, die alten Einheiten fallen nicht weg!) werden, organisiert sich der Akteur in seiner Selbstbestimmtheit und Wahrnehmung dieser Bestimmtheit neu. Parsons behauptet hier eine durchgängige Entwicklung, wobei die Unterschiede in der Verschiedenartigkeit der Mitgliedschaften, dem höheren Niveau der Allgemeinheit der verinnerlichten Werte und dem zunehmenden Fehlen erotischer Belohnungen im Lernprozess liegen, aber insgesamt »muss daraus unbedingt gefolgert werden, dass das Ich ›sozial strukturiert‹ ist« (Parsons 1977: 136).

Mit der Sozialisationstheorie hat Parsons einen wichtigen Baustein seiner allgemeinen Theorie sozialer Systeme insofern beschrieben, als dass er an dieser Stelle bezüglich seiner Vorstellung von der Notwendigkeit von Werten für eine stabile soziale Ordnung plausibel machen kann, wie Werte durch die Individuen verinnerlicht werden. Dieser Internalisierungsprozess wird ergänzt durch die Institutionalisierung von Werten in der Gemeinschaft, wobei Parsons wesentlich rollentheoretisch argumentiert. Die grundlegende Überlegung ist, dass Werte, bevor sie handlungswirksam werden können, einen »Trichter« durchlaufen, der die abstrakten Leitvorstellungen immer mehr bezüglich einer konkreten Handlung spezifiziert über Normen, Kollektive und zum Schluss über Rollen (Parsons 1993). Das Individuum als Rollenhandelnder wird als *homo sociologicus* verstanden (vgl. Schimank 2000c: 37ff.), als ein Akteur, der gesellschaftskonforme Handlungen reproduziert, die in ihrer Gesamtheit des handelnden Zusammenwirkens aller Akteure die Stabilität der sozialen Ordnung bedingen.

Rollen, ganz allgemein verstanden als an soziale Positionen geknüpfte Erwartungen, werden aber nicht nur im Sinne eines *role taking* übernommen, sondern müssen auch ausgestaltet werden *(role making)*. Ein Grund dafür ist u.a. in Rollenkonflikten zu sehen, wenn also ein Akteur z.B. mehrere mehr oder weniger inkompatible Rollen innehat (Inter-Rollenkonflikt) oder wenn er die Erwartungen, die an eine Rolle gestellt werden, als widersprüchlich erlebt (Intra-Rollenkonflikt). Im ersten Fall denke man etwa an die Rollen des alleinerziehenden Vaters und des Vollzeit-Berufstätigen, dem es nicht gelingt, eine ausgewogene Handhabung von Familien- und Berufszeit sowie die damit verbundenen Erwartungen (vermittelt über die Kinder und die Vorgesetzten) zu erreichen. Im zweiten Fall denke man an die Rolle des Studenten, die den widersprüchlichen Erwartungen von Professoren, Eltern, Lebenspartnern und Freunden ausgesetzt ist. Individualisierung bedeutet in diesem Zusammenhang, dass bestimmte Kombinationen von Rollen das Individuum relativ singulär bestimmen. Diese Sichtweise wird innerhalb der Soziologie üblicherweise der »formalen Soziologie« Georg Simmels zugeschrieben.

III. Das formalisierte Individuum bei Simmel

In Kapitel I und II hatten wir gesehen, dass die Erweiterung jener sozialen Kreise, denen das Individuum zugehörig ist, sowohl zur Entwicklung eines generalisierten und autonomen Selbst als auch zur Möglichkeit führt, soziale Werte in die Persönlichkeitsstrukturen zu integrieren. Man könnte sagen, dass diese Perspektiven vor allem die zeitliche und soziale Dimension betonen, sofern die Erweiterung sozialer Kreise im Sozialisationsprozess relevant wird und mit der Übernahme von Perspektiven, Erwartungen und Bewertungen anderer Akteure zu tun hat. Ergänzen kann man diese Sichtweise um eine sachlich-formale Dimension, wie sie vor allem Georg Simmel (1992a) mit seinem Ansatz der »Untersuchungen über die Formen der Vergesellschaftung« in die Soziologie eingebracht hat. Simmels dort enthaltene Analyse zur »Kreuzung sozialer Kreise« gilt als einer der wichtigsten »klassischen« Beiträge der Soziologie zur Individualisierungsdebatte. Wir werden sehen, dass auch dieser eher formalen mengentheoretischen Betrachtungsweise das zugrunde liegt, was wir als Prozess des Raus und Rein beschreiben.

1. Quantitative Individualisierung in Simmels Soziologie

Der formale Charakter von Simmels Soziologie liegt bereits in seinen sozialtheoretischen Annahmen begründet, dass man zwar ontologisch das Vorhandensein von Individuen als sehr komplexe und undurchsichtige Entitäten annehmen kann, dies jedoch nicht unmittelbar die Analyse der Konsequenzen von *wechselwirkenden* Individuen tangiert. Das Individuum mag mit einer selbstbestimmten Einmaligkeit ausgerüstet sein. Dies ist Simmels erstes Apriori, das die absolute Individualität der Einzelnen annimmt und von einem tiefsten Individualitätspunkt ausgeht, der von keinem anderen Individuum nachgeformt werden und als Quelle des »Individuellen Gesetzes« (Simmel 1994: 150ff.) gelten kann. Gerade weil aber andere Individuen nicht in ihrer Einmaligkeit zugänglich sind, müssen wir andere Modi finden, mit diesen umzugehen. Es folgt, dass »dieses Für-Sich des Anderen uns nun dennoch nicht verhindert, ihn zu unserer Vorstellung zu machen« (Simmel 1992a: 45). Diese Vorstellung, unter die wir den Anderen als einmaliges Individuum packen, ist ein generalisierter Typus (ebd.: 48; vgl. ders. 1994: 75f.). Immer ist das, was wir als »Individuum« betrachten, somit sowohl eine unteilbare Entität als auch ein generalisierter Typ: »In diese Doppelheit versetzt die irdische Existenz jedes geistige Wesen, das man überhaupt als ›eines‹ bezeichnen kann: es ist nach seinem Inhalt oder seiner Form nach etwas für sich, eine Einheit, es hat ein irgendwie in sich ruhendes Sein oder Sinn oder Zweck, und es ist zugleich ein Teil von einem oder von mehreren Ganzen, es steht in einem Verhältnis zu etwas außerhalb seiner, einem Umfassenden, einer über es hinausragenden Totalität. Es ist immer Glied und Körper, Partei und Ganzes, Vollkommenes und Ergänzungsbedürfnis. Individualität nennen wir die Form, in der diese Doppelbedeutung der menschlichen Existenz sich zur Einheit zu bringen vermag oder versucht.« (Simmel 1983: 268) Umgedreht bedeutet dies aber, dass auch die Untersuchung sozialer Akteure das Außersoziale in Rechnung stellen muss. Das zweite Apriori lautet demnach: Dass »der Einzelne mit gewissen Seiten nicht Element der Gesellschaft ist, bildet die positive Bedingung dafür, daß er es mit anderen Seiten seines Wesens ist: die Art des Vergesellschaftet-Seins bestimmt sich durch die Art seines Nicht-Vergesellschaftet-Seins« (Simmel 1992a: 51). Beide Apriori zusammen ergeben, dass menschliches Leben aus Simmels Sicht weder ohne Vergesellschaftung noch ohne die Geltung von Individualität gedacht werden kann. Das Wesentliche ist für Simmel die Einheit des Menschen in der Doppelstellung von Individuum und Vergesellschaftet-Sein – ein Ausgangspunkt, der gut zur These immer schon sozialer Individuen, die erst durch Prozesse des Raus und Rein weiter individualisiert werden, passt (vgl. Kapitel I).

Diese Kopplung von Individuum und Sozialem ist denn auch Kern des dritten Apriori, mit dem Simmel (ebd.: 59) einen »Allgemeinheitswert der Individualität« festlegt. So wie Simmel lebensphilosophisch von der Unmöglichkeit des Verharrens des Lebens innerhalb einer individuellen und notwendigen Form ausgeht, so ist das einzelne Individuum eben keine Monade, sondern an das es umgebende Soziale gebunden, ohne dass damit ein Formgefängnis beschrieben wäre. Der Begriff der Wechselwirkung beschreibt die Tatsache, dass die Individuen als Träger eventuell sogar einmaliger oder wie auch immer gearteter Impulse, Zwecke und Triebe in Kontakt zueinander treten, aus denen eine benennbare Einheit, eine soziale Form als Vergesellschaftungsprodukt entstehen kann, die dann nicht mehr aus den einzelnen Individuen ableitbar ist (siehe ebd.: 17ff.; 1984: 5ff.). Die Individuen als Inhalte sind notwendige Bedingungen für soziale Formen, aber nicht hinreichend, um Vergesellschaftungsformen zu beschreiben und zu erklären. Dass die Inhalte nicht hinreichend zur Analyse sozialer Formen sind, erkennt man bereits daran, dass verschiedene Inhalte in der selben Form resultieren, bzw. dass gleiche Inhalte unterschiedliche Formen erzeugen können. Liebe etwa als inhaltliche Motivation verschiedener Akteure kann z.B. sowohl in der Form eines Über- und Unterordnungsverhältnisses als auch in der Form des Streits resultieren. Letzterer wiederum kann auch das Ergebnis verschiedener Inhalte – Handlungsorientierungen, Motivationen, Triebe usw. – sein.

Eine Vergesellschaftungsform in modernen Gesellschaften ist die Kreuzung sozialer Kreise. Die Untersuchung Simmels hierzu wird gemeinhin als Paradebeispiel z.B. für eine klassische differenzierungstheoretische Analyse zu modernen Individualisierungsprozessen angesehen (vgl. Schimank 1996: 44ff.). Die Hauptthese ist, dass die Individuen im Laufe gesellschaftlicher Entwicklungen zunehmend in einem Schnittpunkt verschiedener sozialer Kreise stehen, die quantitativ durch gesellschaftliche Differenzierungsprozesse zunehmen. Gleiches gilt für die quantitative Erweiterung einzelner sozialer Kreise: »Jene Individualität des Seins und Tuns erwächst, im allgemeinen, in dem Maße, wie der das Individuum sozial umgebende Kreis sich ausdehnt.« (Simmel 1992a: 791f.) Da die reine Anzahl der vorhandenen sozialen Kreise hier relevant wird – es geht Simmel zunächst um den durch die zahlenmäßige Erhöhung immer schärfer bestimmten Schnittpunkt des Individuums und nicht (wie etwa Mead oder Parsons) um die damit verbundenen größeren Chancen, die erhöhte Anzahl in qualitativ Neues (verinnerlichte Werte, Generalisierung des Anderen) umsetzen zu können –, spricht Simmel auch von einem »quantitativen Individualismus« (siehe Simmel 1984: 84). Dieser postuliert als eine Art Allgemeinheits-Individualismus die Einzelheit des Menschen in Bezug zu allen anderen Menschen, eine Art »individualism of singleness« (Lipman 1959: 129). Freiraum wird den Individuen lediglich innerhalb einer allgemeinen Form, z.B. innerhalb einer bestimmten Kombinatorik von Referenzgruppen, zugestanden.

Die Gruppen, zu denen ein Individuum gehört, bilden somit ein mathematisch bestimmbares Mengensystem, das mit jeder hinzutretenden Gruppe das Individuum genauer charakterisiert. Da die Wahrscheinlichkeit der Gleichheit individueller Kreiskombinationen verschiedener Menschen mit steigender Zahl sozialer Kreise abnimmt, spricht man von einer individualisierenden Entwicklung der Gesellschaft. Mit dieser durch soziale Differenzierungsprozesse ausgelösten Individualisierung gehen neue Vergemeinschaftungen einher, wenn traditionelle Gemeinschaften sich zugunsten neuer, entfernterer Beziehungen auflösen. Die in verschiedenen Kreisen sich vollziehenden internen Differenzierungen schaffen interne Ungleichheiten, die durch Gemeinsamkeiten zwischen den zuvor getrennten Kreisen aufgefangen werden können. Anders formuliert: Der Preis für die Individualisierung der Individuen ist eine De-Individualisierung der Gruppe, denn: »[J]e enger der Kreis ist, an den wir uns hingeben, desto weniger Freiheit der Individualität besitzen wir; dafür aber ist der Kreis selbst etwas Individuelles, scheidet sich, eben weil er ein kleiner ist, mit scharfer Begrenzung gegen die übrigen ab. Und entsprechend: erweitert sich der Kreis, in dem wir uns betätigen und dem unsere Interessen gelten, so ist darin mehr Spielraum für die Entwicklung unserer Individualität; aber als *Teile dieses Ganzen* haben wir weniger Eigenart, dieses letztere ist als soziale Gruppe weniger individuell.« (Simmel 1992a: 797) Aufgrund dieser Feststellung geht Simmel von einem immer gleich bleibenden Quantum der Tendenz zur Individualisierung und Homogenisierung aus.

Wichtig für unseren Zusammenhang ist, dass das Austreten aus einem sozialen Kreis und das Eintreten in einen neuen Kreis – Raus und Rein – quantitativ zu einer spezifischeren, individuelleren Bestimmung des Individuums führen. Man könnte dies als die formale Explikation des bei Parsons beschriebenen Sozialisationsvorgangs und des bei Mead dargestellten Prozesses der Bildung des Selbst verstehen, die ja die ständige Erweiterung sozialer Kreise zumindest bis zum Erwachsenenalter vorsehen.

Wir können an dieser Stelle, durchaus über Simmel hinaus, der ja vor allem die Schnittmenge C zweier Kreise $[A, B]$ betont hat $[C = A \cap B]$, einige weitere Kreiskonfigurationen exemplarisch beschreiben. So wird die Individualität eines Individuums noch gesteigert, wenn es sich als Element eines Kreises versteht, der als *separater Kreis in der Schnittmenge zweier Kreise* liegt $[C\ (\in A \cap B)]$. So mag es etwa eine Schnittmenge zweier Kreise geben, die durch »Studenten« und »Sportler« beschrieben werden, aber innerhalb dieser Schnittmenge gibt es separiert noch diejenigen, die sich als »Elite« verstehen, z.B. jene Sportstudenten, die aufgrund ihrer Leistungen durch die Deutsche Sporthilfe unterstützt werden und an einer Olympiade teilnehmen. Man kann sich, wenn man etwa geometrische Figuren wie ein Venn-Diagramm vor Augen hat, das zu jenen Mengendiagrammen gehört, die versuchen, alle möglichen Relationen der vertretenen Mengen darzustellen, weitere Schnittmengen-Kombinationen vorstellen. Interessant sind z.B. jene Fälle, in denen nicht die Inklusion in verschiedene Kreise, sondern gerade die Nicht-Inklusion die besondere Bestimmung des Individuums erhöht. So kann ein Individuum gerade dadurch besonders gekennzeichnet sein, dass es zwar zu zwei Kreisen gehört und für diese eine Verbindung darstellt, dass dies aber keine »und«-Verbindung oder genauer: eine »nicht-und-Verbindung« darstellt $[(C \cap A) \in (C \cap B) \in (C \notin A \in B)]$. Ein Bigamist etwa ist Element des Kreises »Ehe in der einen Stadt« und des Kreises »Ehe in der anderen Stadt«, wichtig ist aber, dass sich in seiner Rolle diese beiden Kreise *nicht* schneiden. Auch solche Nicht-Inklusionen sind in verschiedenen Variationen individualitätsgenerierend, z.B. wenn *drei* Kreise sich zwar prinzipiell überschneiden, der Einzelne D aber *trotzdem* nur im Schnittpunkt *zweier* Kreise steht $[(D \cap A \in C)\ D \notin A \in B \in C]$. Man kennt dies z.B. von Beziehungsgeflechten bei Kindern und Jugendlichen, wenn drei Jungen oder Mädchen zwar prinzipiell eine Schnittmenge haben, sobald aber zwei zusammenkommen, sie sich gegen die oder den Dritte/n wenden. Dass es überhaupt eine Schnittmenge gibt, kann dann beispielsweise an einem alle drei Kreise übergreifenden Kreis liegen. Die genannten Jungen oder Mädchen sind vielleicht alle Schüler einer Schule, gehören aber unterschiedlichen Sportvereinen an, wobei zwei Sportarten (Handball und Volleyball) miteinander besser kombinierbar sind und die dritte (Reiten) ausschließen. In die Kategorie der Nicht-Inklusion gehört wohl auch der Fall, dass man Element eines Kreises bleibt, obwohl und gerade weil die Inklusion in eine von zwei alternativen Schnittmengen möglich wäre, man sich aber, Buridans Esel nicht unähnlich, nicht entscheiden kann oder will $[(D \cap B) \in (D \notin A \in B) \in (D \notin B \in C)]$. So mag ein wissenschaftlicher Mitarbeiter hin- und hergerissen sein, ob er sein Engagement und seine Loyalität eher dem Kreis der Promovenden oder dem Kreis der Studenten zukommen lassen will, was beides möglich wäre, aber aufgrund der Unentscheidbarkeit sich gänzlich von diesen Möglichkeiten distanziert und auf seinen Lehrstuhl konzentriert. Ebenso möglich wäre natürlich auch die Entscheidung für die eine *und* gegen die andere Schnittmenge $[(D \cap A \in B) \in (D \notin B \in C)]$.

Diese Liste erhebt keinesfalls auch nur annähernd den Anspruch auf Vollständigkeit. Wir möchten deshalb auch nur auf zwei weitere Aspekte hinweisen, weil diese möglicherweise besonders interessant für unsere Thematik sind. Zum einen könnte ein Einzelner Element einer Schnittmenge zweier Kreise sein, die sich *nicht* schneiden, genauer gesagt: die sich nicht schneiden *sollen*, d.h. im Normierungs- und Normalisierungsprogramm der Gesellschaft als Schnittmenge nicht vorgesehen sind. Wir kommen noch darauf (siehe Kapitel IV), dass es der modernen Gesellschaft darum geht, qua Wissensimplementation Kontrolle zu generieren. In diesem Sinne ist es nahezu ein moralischer Auftrag der Moderne, Ambivalenzen zu vernichten und zweiwertige Eindeutigkeiten herzustellen. Wie Bauman (2005: 213) am Beispiel einer Bibelstelle aus der Offenbarung des Johannes (»Ich weiß deine Werke, dass du weder kalt noch warm bist. Ach, dass du kalt oder warm wärest! Weil du aber lau bist und weder kalt noch warm, werde ich dich ausspeien aus meinem Munde.« (3, 15-17)) verdeutlicht: »Die Lauwarmen sind nicht auf dem falschen Weg, wie es nur die ›Heißen‹ oder ›Kalten‹ sein können – sie haben sich aus der menschlichen Gesellschaft verabschiedet, in der die

Unterschiede zwischen richtig und falsch, gut und böse, eine zentrale und sinngebende Rolle spielen. Mit ihrer Indifferenz gegenüber den Anderen, die Außerhalb der Grenzen des möglichen Engagements stehen, begehen die Lauwarmen keine moralische Sünde: Tatsächlich platzieren sie sich vielmehr jenseits jeder Ethik.« Beispielsweise sollen wir einen Menschen als Mann *oder* Frau betrachten. Die Dringlichkeit der Entscheidung für *ein* Geschlecht kann darin gesehen werden, dass die Eltern eines Neugeborenen schon wenige Tage nach der Geburt Verwaltungsformulare ausfüllen müssen, die nur die Alternative »männlich/weiblich« offen lassen. Nun sind aber nicht alle Menschen mit so eindeutigen Merkmalen ausgestattet, dass eine eineindeutige Zuordnung zu diesen bivalenten Kategorien möglich ist. Wenn etwa der Chromosomensatz nicht zu der Art der Keimdrüsen passt, dann ist die Zuordnung nicht eindeutig möglich. Die Ambivalenzvernichtung findet dann relativ häufig auf medizinisches Anraten so schnell wie möglich durch geschlechtsangleichende Operationen (»chirurgische Anpassung«) statt, alle möglichen psychischen und physischen Komplikationen in Kauf nehmend. Intersexuelle Menschen (oder auch Hermaphroditen oder Transsexuelle) gewinnen demnach im formalen Sinne der Kreuzung sozialer Kreise ihre Individualität als Elemente einer (normativ) nicht gewünschten Schnittmenge $[(D \notin A) \in (D \notin B) \in (D \cap A \in B)]$.

Auf ein anderes formales Kriterium möglicher Individualitätserzeugung hat die Netzwerkforschung hingewiesen. Die soziale Netzwerkanalyse etwa stellt die Individualität eines Individuums als Knoten in einem Netzwerk anhand der quantitativen Merkmale von Zentralität und Prestige heraus. Dahinter steckt die Frage, wie sichtbar bestimmte Knoten in einem Netzwerk sind (und somit leichter Zugang zu bestimmten Ressourcen haben können) bzw. inwieweit ein Knoten von anderen Knoten »gewählt« wird (siehe Jansen 1999: 121ff.). Die dabei auch berücksichtigten Pfaddistanzen als Maßstab für Unabhängigkeit (»closeness«) verweisen auf die eher durch die Physik angeregten Experimente und Modelle zur Small-World-Network-Forschung (Barábasi 2004; Watts 2003), in denen der besondere Status so genannter »hubs« hervorgehoben wird. D.h., innerhalb eines als Netzwerk strukturierten Kreises haben einige wenige Individuen viele Beziehungen im Gegensatz zu vielen Akteuren mit wenigen Beziehungen, woraus man eine besondere quantitative Stellung im Netzwerk und damit Konsequenzen für die Individualitätserzeugung ableiten kann. Dies mag eventuell für Drogendealer gelten, die zwar für die strafverfolgende Staatsanwaltschaft möglicherweise nur »kleine Fische« sind, sich als solche aber gerade im Gegensatz zu den »großen Fischen« dadurch auszeichnen, dass sie viele Beziehungen sowohl zu den Drogenbossen als auch zu den Konsumenten aufweisen und deshalb informationelle »hubs« sind.

2. Qualitative Individualisierung in Simmels Philosophie

Simmel hat den Individualisierungsprozess nun nicht ausschließlich in derartigen quantitativen Dimensionen beschrieben – im Gegenteil: Er legt ebenso großes Gewicht auf die *qualitative* Dimension der Individualisierung, in der die Unterscheidung der Individuen nach Sein und Handeln im Vordergrund steht, was man heute gerne mit »Authentizität« umschreibt. Je mehr die Individuen sich aus den engen gesellschaftlichen Zwängen befreien, etwa durch eine Erweiterung und Kreuzung sozialer Kreise, desto mehr wird auf individuelle Unverwechselbarkeit Wert gelegt. Es entwickelt sich jener Besonderheits-Individualismus, der auf die *Einzigkeit* der Individuen zielt: »individualism of uniqueness« (Lipman 1959: 129). Damit ist angedeutet, dass die geschichtliche Entwicklung vom quantitativen zum qualitativen Individualismus – anders formuliert, von dem Streben nach Autonomie zum Streben nach Authentizität – verlaufen ist (Simmel 1984: 92f.). Diese Entwicklung geht nicht zwingend mit einer Entlastung für die Individuen einher (Simmel 1983: 273) – und es sind auch nur wenige, die nach dem qualitativen Individualismus leben können. Simmel hat einige jener Individuen porträtiert: George, Rembrandt oder Goethe. Gerade diese Genies sind es, die verschiedenste Widersprüche und Gegensätze in sich vereinigen *und* ertragen können. Sie sind in der Lage, in ihrem Lebensrhythmus eine prinzipielle Unaufhebbarkeit von Antinomien zusammenzubringen, ohne die eigene Individualität zu unterdrücken. Qualitative Individualität wird in der Vereinigung der Ambiguität von Leben und Form und nicht durch Emanzipation der individuellen Form vom Leben erreicht (siehe Karlsruhen 1996: 114). Die lebensphilosophische Grundlage von Simmels Denken basiert auf dieser Vorstellung, dass Leben Fließen *und* Formbegrenzung oder Gestaltung *und* Überwindung ist. Leben vollzieht und begrenzt sich zugleich in Formen, über die es hinauszuströmen verlangt. Der Widerspruch zwischen kontinuierendem Leben und individuierender Form ist prinzipiell nicht zugunsten einer Seite auflösbar, sondern muss als unversöhnlicher Gegensatz angenommen werden. Zwar ist eine analytische Überwindung des Dualismus möglich, etwa durch begriffliche Vereinheitlichung in dem Wort »Leben« oder »Individuum«, tatsächlich geht das Leben aber im Sinne eines »Mehr-Leben« (Kontinuierung) und »Mehr-als-Leben« (Formgebung) in seiner Selbsttranszendenz über diese semantische Harmonisierung hinaus: »Der Dualismus, in voller Schärfe beibehalten, widerspricht nicht nur nicht der Einheit des Lebens, sondern ist gerade die Art, wie seine Existenz existiert.« (Simmel 1994: 25)

Damit ist bei Simmel die Kehrseite dessen formuliert, was wir bereits dargestellt haben, dass nämlich nicht nur jeder Individualisierung etwas Soziales vorhergeht, aus dem es sich nach dem Grundprozess des Raus und Rein absetzen muss, sondern dass es immer auch ein Rein gibt, ein Hineinsetzen in eine Form. Simmel versucht, diese Differenz in seinem Begriff des Lebens einzuschließen, indem er *Leben als immanente Transzendenz* versteht: Das Leben gießt sein Fließen in Formen, die aufgrund des Versuchs des Über-die-Formen-Hinausgreifens nur begrenzte Gestaltungen des Lebens darstellen. Die in eine Form gegossene Individualität entzieht sich aber nicht dem Leben, sondern trägt dieses – zumindest solange, bis es sich in eine neue Form bringt. Somit gilt: »[D]ie Individualität ist überall lebendig, und das Leben ist überall individuell.« (Ebd.: 18)

3. Quantitative und qualitative Individualisierung in Simmels Gegenwartsdiagnose

Damit ist eine innere Verbindung vom quantitativen zum qualitativen Individualismus angedeutet – zumindest heben sich diese Formen nicht auf, auch wenn man heutzutage durchaus geneigt ist, die soziale Eingebundenheit zur Produktion von Autonomie als Verletzung von Authentizität zu begreifen. Simmel hegte die Hoffnung, dass man die beiden Individualismen in einer Gesellschaft mehr oder weniger harmonisch zusammenbringen kann (Simmel 1995a: 56). Sein Versuch der Ausformulierung eines »Individuelles Gesetzes« im Rahmen seiner allgemeinen »Lebensanschauung« (Simmel 1994) kann als Versuch gewertet werden, diese Aufgabe sozialphilosophisch zu bewältigen – mit einem leichten Übergewicht des Zugeneigtseins zum qualitativen Individualismus.[8] Vor allem sah Simmel für das einzelne Individuum mit zunehmender Kreuzung sozialer Kreise eine Vermehrung der Wahlchancen gemäß persönlicher Präferenzen gegeben: Die Wahlfreiheit des Einzelnen wächst mit der Zunahme von Mitgliedschaften in heterogenen sozialen Kreisen. Die gesellschaftliche Entwicklung hin zu immer mehr individueller Autonomie weist somit zugleich in die Richtung des qualitativen, die Authentizität der Individuen betonenden Individualismus oder andersherum: Die qualitativ-individuelle Freiheitsbildung bindet sich durchaus an das Objekt des Kreises (Simmel 1992a: 467). Damit ist zwar klar, dass die individuelle Kombination verschiedenster Kreise in einem Individuum, verstanden als rein *relationales* Verhältnis, eine Spielart des quantitativen und nicht des qualitativen Individualismus darstellt (Lichtblau 1984: 243), zumal das Individuum nicht als Einzelner, sondern als in soziale Kreise inkludiertes *Mitglied* gesehen wird. Eine Verbindung zum qualitativen Individualismus wird damit aber nicht ausgeschlossen. Zum einen gilt der quantitative Individualismus prinzipiell immer trotz des qualitativen weiter, das »authentische« Individuum steht nach wie vor im Schnittpunkt verschiedener Kreise (Köhnke 1996: 512). Wichtiger noch ist aber die Option freier Mitgliedschaftswahl, sie »bedeutet immer Erhöhung der Kontingenzen, aber eben damit auch die Chance ›originaler Produktivität‹« (Schmid 1986: 254) zur Befriedigung des Unterscheidungsbedürfnisses, das Simmel als anthropologische Eigenschaft des Menschen unterstellt.

In seinem Aufsatz über die »Großstädte und das Geistesleben« hat Simmel (1995b) gezeigt, wie gerade unter modernen Bedingungen die beiden Formen des Individualismus zusammengebracht werden können (vgl. Lohmann 1993). Zunächst ist die Großstadt der *quantitative* Individualisierungsort par excellence; hier zeigt sich der exemplarische multioptionale Erfahrungsraum der Kreuzung sozialer Kreise, der besonders durch eine »Steigerung des Nervenlebens, die aus dem raschen und ununterbrochenen Wechsel äußerer und innerer Eindrücke hervorgeht« (Simmel 1995b: 116), geprägt ist. Diese Intensivierung speist sich aus der großstädtischen Dynamik der Geldwirtschaft, der räumlichen Größe, dem Rhythmus und dem Tempo der Verkehrsformen, der Pluralisierung der Lebensstile, der mannigfaltigen Ausbildung von Kulturobjekten usw. Auf diese Einflüsse reagiert das Individuum verschiedenartig. Simmel betont etwa den intellektualistischen Charakter und die Verstandesmäßigkeit als »Präservativ des subjektiven Lebens gegen die Vergewaltigungen der Großstadt« (ebd.: 118). Des Weiteren nennt er eine unbarmherzige Sachlichkeit, Exaktheit und als Grundstimmung eine immer mindestens unterschwellig vorhandene Blasiertheit, äußerste Reserviertheit und Aversion gegenüber Anderen.[9] Diese elementaren Sozialisationsformen, die das Großstadtleben überhaupt erst ermöglichen, sind die notwendigen Korrelate zu dem erheblichen Maß an Freiheit, das dem Einzelnen aufgrund seiner untergeordneten Rolle im großstädtischen Ganzen zukommt.

Aus dieser quantitativen Freiheit kann nun auch ein *qualitativer* Individualismus erwachsen. Die Freiheit im großstädtischen Gewühl geht nämlich manchmal gerade mit einem besonders intensiven Gefühl der Einsamkeit einher. Für dieses Problem schlägt Simmel eine quantitative Lösung vor: Die Ausweitung und Vergrößerung des Gesichtskreises im Sinne eines Kosmopolitismus, weil so ab Überschreitung eines bestimmten Schwellenwertes sich aus alten Sozialbeziehungen eigendynamisch neue ergeben. Man löst sich quantitativ raus aus den alten Sozialstrukturen, um qualitativ in neue Beziehungsdimensionen einzudringen. Hier also sieht Simmel die Bruchstelle zum qualitativen Individualismus: »An diesem Punkt setzt sich die Quantität des Lebens sehr unmittelbar in Qualität und Charakter um.« (Ebd.: 126) Einerseits erfährt das Individuum im kosmopoliten Leben wieder Verantwortung und Erheblichkeit, weil es die von ihm ausgehenden Wirkungen um ein Vielfaches zu potenzieren vermag. Simmel geht also weniger wie später Mancor Olsen von einem »Gesetz der großen Zahl« aus, nach dem der Einfluss des Einzelnen auf das Ganze mit steigender Anzahl relevanter Individuen sinkt. Vielmehr kann man – allerdings nur unter ganz bestimmten Bedingungen – auch das genaue Gegenteil annehmen (vgl. Hedström 2008: 127ff.): dass nämlich bereits eine Handlung eines Einzelnen eine ganze Kaskade sozial wirksamer Folgen nach sich zieht, so dass individuelle und kollektive Rationalität nicht mehr zwingend im Widerspruch zueinander stehen. Dies setzt ein Stück weit voraus und folgt wiederum verstärkt daraus, dass sich das Individuum unter den vielen Menschen seiner Einzigkeit und damit der Befolgung seines »Individuellen Gesetzes« bewusst ist (Simmel 1995b: 127). Die Ausbildung persönlicher Sonderart als Möglichkeit des qualitativen Individualismus wird noch verstärkt durch den Widerstand gegen ein mögliches Überrollt-Werden von der Hypertrophie großstädtischer Erzeugnisse, die zwar jederzeit ein Produkt für jedes Bedürfnis bereitstellen, aber auch das Gefühl verbreiten, dem individuellen Leben jede persönliche Note zu nehmen. Auf diese Weise also verbinden sich quantitativer und qualitativer Individualismus auf stets prekäre Weise: Vergesellschaftung und das dem qualitativen Individualismus nahe »Individuelle Gesetz« gehen zusammen, ohne dass der Zusammenhalt der Gesellschaft oder die Integrität der individuellen Persönlichkeit – die subjektive Kultur – gefährdet wäre.

Mit diesem Zusammenhang von quantitativem und qualitativem Individualismus korrespondiert die Entwicklung gesellschaftlicher Differenzierung und Vergesellschaftung. Simmel beschreibt detailliert, wie die Beziehung der Steigerung von Individualität und Sozialstruktur variieren kann, indem sich mit fortschreitender Differenzierung der Sozialstruktur die kulturelle Vielfalt und infolgedessen die Gelegenheit zur Ausbildung der subjektiven Kultur erhöht. Damit ist eine unmittelbare Chance für die Individuen formuliert, die aus ihrem individuellen Leben emporsteigenden Formen für sich zu nutzen, d.h. die in ihnen bereits natürlich angelegte Wesensart zur vollkommenen Entfaltung bringen zu können: Durch das Teilhaben der Individuen an von ihnen geschaffenen Kulturobjekten ist die Ausbildung subjektiver Kultur (vgl. Simmel 1926, 1992b, 1996), verstanden als Entwicklungsmaß der Individuen und somit als Aspekt des qualitativen Individualismus (Simmel 1993: 371), möglich. Kultur dient in dieser Sichtweise als Vermittler zwischen dem Leben und den sich daraus bildenden Formen, bekanntlich formelhaft und verschwommen ausgedrückt als »Weg der Seele zu sich selbst« (Simmel 1996: 385), wobei die subjektive Kultur als dominierender Endzweck zu gelten hat (Simmel 1993: 372). Mit seiner Idee der Kultur als Weg der Seele zu sich selbst lässt Simmel die Vorstellung der individuellen Differenziertheit nicht fallen, sondern fügt sie in die moderne Kultur ein.

Ein Individuum kann sich also dann kultiviert nennen, wenn es Kulturobjekte zur Weiterentwicklung und Ausbildung seiner Persönlichkeit, seiner »seelischen Zentralität«, nutzen konnte. Wichtig ist, dass der reine Erwerb von Kulturobjekten für diesen Prozess zwar notwendig, aber nicht hinreichend ist, denn »erst mit ihrer Bedeutung für oder als die Entwicklung der undefinierbaren personalen Einheit kultiviert sich der Mensch. Oder anders ausgedrückt: Kultur ist der Weg von der geschlossenen Einheit durch die entfaltete Vielheit zur entfalteten Einheit.« (Simmel 1996: 387) Die Hinzufügung von Kulturobjekten ohne Internalisierung bedeutet, Kultiviertheit zu besitzen, aber nicht, kultiviert zu *sein*. Genauso wenig darf sich das Individuum als kultiviert bezeichnen, wenn in diesem Prozess die Eigenentwicklung eben jenes seelischen Zentrums ohne objektiven Charakter vorangetrieben wird, also etwa in rein sittlicher Hingabe. Der Sinn der Kultur ist erst da erfüllt, wo das Individuum in seine Entwicklung Außer-Subjektives einbezieht. Dies nennt Simmel das »Paradoxon der Kultur, daß das subjektive Leben, das wir in seinem kontinuierlichen Strome fühlen, und das von sich aus auf seine innere Vollendung drängt, diese Vollendung, von der Idee der Kultur aus gesehen, gar nicht aus sich heraus erreichen kann, sondern nur über jene, ihm jetzt ganz fremd gewordenen, zu selbstgenugsamer Abgeschlossenheit kristallisierten Gebilde. Kultur entsteht – und das ist das schlechthin Wesentliche für ihr Verständnis –, indem zwei Elemente zusammenkommen, deren keines sie für sich enthält: die subjektive Seele und das objektiv geistige Erzeugnis.« (Ebd.: 1996: 389) Dies unterstreicht den sozialen Charakter jeder Individualisierung und bestärkt uns darin, deren Fundament im Prozesshaften und nicht (ausschließlich) in der Sach- oder Sozialdimension zu suchen.

An dieser Stelle nun *kann* aus der Paradoxie der Kultur eine Tragödie werden, nämlich dann, wenn die dem Leben und die der Form jeweils inhärenten Logiken sich entgegengesetzt entfalten und das Individuum die vom Leben geschaffenen Formen nicht mehr zu integrieren vermag. *Wenn* die Synthese von subjektiver und objektiver Kultur nicht mehr gelingt, spricht Simmel von einer Tragik, weil diejenigen aus einem Wesen kommenden Kräfte sich gegen dieses selbst richten. Das Drama liegt, anders formuliert, darin, dass der Grundprozess des Raus und Rein nicht mehr vollkommen greifen kann, weil das Rein nicht mehr gelingt. Wer nicht mehr in die objektive Kultur hineinkommt, dem misslingt die Ausbildung der subjektiven Kultur. Es kann gar zu einer »Gesamtnot der Kultur« kommen (Simmel 1926: 7), wenn sich das Leben gegen jede Form schlechthin stellt. Genau eine solche Zeit sieht Simmel zu Beginn des 20. Jahrhunderts anbrechen.

Die Kulturtheorie Simmels zeigt Möglichkeiten auf, die Unterscheidung von quantitativem und qualitativem Individualismus zusammenzuführen, ohne die analytische Trennung aufzuheben. In diese Richtung deutet auch Simmels Satz, dass sich das Individuum gerade aufgrund seiner Einzigkeit, seiner individuellen Qualität spalten – der Sozialität zuwenden –, und umgekehrt: die gesellschaftliche Entwicklung zu einer Steigerung der individuellen Qualität beitragen kann (Simmel 1992a: 468).

In der Unterscheidung zwischen objektiver und subjektiver Kultur bei Simmel ist die Schwierigkeit angedacht, das »energetische Moment« der Individualisierung auszumachen. Sind es eher die Akteure, die aktiv die gegebenen Verhältnisse zur Individualitätsproduktion nutzen oder sind es eher die sozialen Gegebenheiten, die den Akteuren vorschreiben, sich eine bestimmte Individualität anzueignen? Nehmen wir die Kreuzung sozialer Kreise und die daran anschließbare Rollentheorie, kann man auch so fragen: Sind Akteure soziale Marionetten an den Fäden verborgener Puppenspieler und spielen lediglich vorgefertigte Rollen oder sind sie diejenigen, die das soziale Theaterstück mit mehr oder weniger großen Improvisationsfreiheiten und Einfluss auf das Drehbuch voreinander aufführen?

IV. Das inszenierte Individuum bei Goffman, Foucault und Bauman

Sehen wir uns also Individualisierungsfiguren an, in denen das Individuum zum einen eine aktive und zum anderen eine passive Stellung einnimmt. Hiermit ist gemeint, dass das Individuum auf der einen Seite dasjenige ist, das sich selbst als individuell inszeniert bzw. inszenieren muss, und auf der anderen Seite als Individuum sozial in Szene gesetzt wird. Wir beginnen mit dem sich-selbst-inszenierenden Individuum.

Zunächst wird die oben beschriebene qualitative Dimension des Individualisierungsvorgangs – gekoppelt an den Prozess des Raus und Rein – auch auf der Mikroebene des Sozialen, der Interaktion, sichtbar: Die Individualität der Akteure wird nun nicht durch deren »quantitative Bestimmtheit«, sondern ebenso durch ihr sinnhaftes Handeln in strukturellen Kontexten erzeugt, indem diese sich selbst inszenieren. Das Individuum wird nicht nur durch emergent selbsterzeugte Wechselwirkungsformen oder durch gesellschaftlich sorgfältig produzierte Verhältnisse produziert – seien diese z.B. an diskursives Wissen oder (plumper) direkt an Normen und Rollen gebunden. Allein die Tatsache, dass sich Wissensbestandteile genauso widersprechen können wie Rollenerwartungen, zeigt, dass es einen Bereich im direkten Interaktionszusammenhang gibt, in dem das unmittelbare Handeln der Akteure selbst strukturelle Zusammenhänge – aber eben auch: Individualität – produziert. Damit ist ausgesagt, dass die gesellschaftlichen Vorgaben nicht vollständig determinieren, sondern die Handlungs*fähigkeit* von Akteuren auch deren Handlungs*freiheit* bezogen auf sich selbst ist.

1. Individualitätsproduktion im Alltagstheater (Erving Goffman)

Im Gegensatz zu Georg Simmel, der sich auf die Formen konzentriert hat, die vergesellschaftend aus den Wechselwirkungen der Individuen entstehen, wird hier auf die Dynamik der Inhalte ein höherer Wert gelegt – eine analytische Perspektive, für die vor allem Erving Goffman steht. Dieser hat sich besonders – so eine zusammenfassende Lesart seiner über 44 verschiedenen theoretischen Konzepte (vgl. Hettlage 1999: 190) – auf Prozesse der Interaktionsordnung bezogen, also auf solche Situationen, in denen mindestens zwei Akteure körperlich anwesend sind und aufeinander reagieren.[10] Ihm geht es darum, die »Grammatikregeln des Sozialen« zu entschlüsseln. Ausgangsbasis ist dabei erstens das handlungsfähige Individuum: »Auszugehen ist von einem elementaren Satz passiver Fähigkeiten: das Individuum beansprucht eine Reihe von Territorien und ist für Andere und sich selber eine Quelle der Kontamination. Ferner wird die Fähigkeit zu intelligentem, selbstbeherrschtem Handeln unterstellt. Das Individuum vermag seine Ansprüche und die anderer zu beurteilen und bedient sich seiner Fähigkeit, um sein eigenes Verhalten so zu regulieren, dass Übertretungen auf ein Minimum reduziert werden.« Und zweitens muss man immer die unmittelbare Face-to-Face-Anwesenheit mindestens zweier Akteure – soziale Interaktion – einbeziehen (Goffman 1994: 55; vgl. Reiger 1992): Die Handlungsfähigkeit muss durch den Akteur reguliert und in ouvertes Handeln transformiert werden, so dass die Handlungen in gewisser Weise derart zur jeweiligen Situation passen, dass sie nicht aus dem »Rahmen« fallen. Damit ist formuliert, *dass* es einen Rahmen gibt. Dies ist aber nicht selbstverständlich. Denn soziale Rahmen sind gemeinsam geteilte Orientierungsmuster, die sowohl auf kulturell geprägten Deutungsstrukturen beruhen als auch in der Interaktion selbst erzeugt werden. Hier gibt es Parallelen zu Parsons' Vorstellung der Konstitution des Sozialsystems als Interaktionssystem, in dem sich die Akteure an einem System kultureller Symbole orientieren.

Während Parsons allerdings diese gemeinsam geteilten und verstandenen Symbolsysteme als *Voraussetzung* für Handeln überhaupt, eben als Überwindung des Problems der »Doppelten Kontingenz« (Parsons 1968: 436f.), ansieht, liegt für Goffman die Überwindung des Problems doppelkontingenter Situationen *im Handeln* selbst (Willems 1997: 39): Im Rahmungs-Handeln wird das Problem doppelkontingenter Situationen situationsspezifisch immer wieder neu gelöst. Der Akteur muss sich demnach stets immer wieder fragen: »Was ist hier eigentlich los?« (Goffman

1977: 16) – und die Beantwortung dieser Frage hängt sowohl von kollektiven Vorgaben ab als auch von den beteiligten Akteuren selbst, d.h. die Akteure konstruieren durch den Prozess der Rahmung die Wirklichkeit sowie die Rahmen mit, indem sie mit Hilfe bestimmter Rahmungen Ereignisse und Situationen mit Sinn belegen.

Warum ist dies alles so problematisch, dass man es thematisieren müsste? Das Hauptproblem für Goffman ist, dass Handlungen offensichtlich sind: Jedes Handeln ist immer ein Handeln im Bereich von mehr oder weniger engen Interaktionen und als solches einsehbar sowie vor allem mit Rückschlüssen auf den Handelnden interpretierbar. Diese Deutungsmöglichkeit des handelnden Anderen ist nicht nur als bloße Möglichkeit, sondern als Notwendigkeit zu verstehen, denn: »Die soziale Natur der Individuen erträgt keine leerlaufende Erwartungshaltung.« (Goffman 1974: 120) Akteure müssen Erwartungen über das Handeln und über Erwartungen der anderen Akteure ausbilden. Und die Offensichtlichkeiten sind der – offensichtlichste – Ansatzpunkt für die Ausbildung von Erwartungen. Anders formuliert: Die Akteure übertreten durch ihr Handeln ständig die Grenzen ihrer Ego-Zentriertheit, sie werden aus sich selbst rausgerissen, weil sie sich handelnd nach außen setzen – und dort müssen sie sich wieder in die Ordnung der jeweiligen Interaktion einpassen. Der Grundvorgang – Raus und Rein – wird auch hier in seiner Prozessualität deutlich.

»Interaktionsordnung« bedeutet demnach auch, dass bereits ein Austausch der gegenseitigen sinnlichen Wahrnehmungen durch rein körperliche Ko-Präsenz jede Situation potentiell gefährlich erscheinen lässt (Goffman 1994: 60). Gemeint sind damit nicht nur Gewaltakte wie Raub, sexuelle Belästigung, Behinderungen der Bewegungsfreiheit usw., sondern »Angriffe« durch Worte und Gesten, mit denen Andere in die »Territorien des Selbst« eindringen, z.B. durch Platzierung des Körpers in ein von anderen beanspruchtes Territorium, durch direkte körperliche Einwirkung, durch Anblicken, Anschauen, Durchbohren mit den Augen, durch Geräusche, Ansprechen, Verunreinigung usw. Damit wird deutlich, dass Goffman seine analytisch-empirische Sichtapparatur auf die eher unsichtbaren Regeln der stets labilen

Stabilisierung der Interaktionen ausrichtet (Hettlage 1999: 193). Die Individuen müssen sich in der unvermeidbaren Übertretung der Selbst-Grenzen so inszenieren, dass sie ein so kohärentes Selbstbild für den oder die Anderen abgeben, dass eine Ordnung der Interaktionen möglich ist. Dies ist den Akteuren beispielsweise möglich, indem sie auf Rituale zurückgreifen.[11] Ein solches interpersonelles Ritual ist etwa der »bestätigende Austausch«, der z.B. die Bejahung von Veränderungen (»Ratifizierungsrituale«) oder andere »Beruhigungskundgaben« ebenso einschließt wie verschiedene »Zugänglichkeitsrituale« (Begrüßung, Abschied) (Goffman 1974: 119). Eine weitere wichtige Ritualform ist der »korrektive Austausch«, der »korrektives Handeln« beinhaltet, also etwa Erklärungen und Entschuldigungen, um einen negativen Eindruck zu korrigieren, oder Ersuchungen, als Form der Bitte, Regeln verletzen zu dürfen. Das Problem, wie man sich zu nahen, nicht an Gesprächen orientierten, situativen Kontexten positioniert, lösen »leibgebundene Kundgaben«. Dies können Informationen über Absichten (»Orientierungskundgaben«), Informationen darüber, dass man seine Position nicht ausnutzen wird (»Rücksichtskundgaben«), oder Übertreibungen zur Fehlerrelativierung (»Übertreibungskundgaben«) sein. Damit wird sehr deutlich, weshalb im Alltag die Aufrechterhaltung der Interaktionsordnung meistens gelingt, da ja vieles ritualisiert abläuft. Zugleich staunt man aber über das Gelingen ob der Komplexität, was auf die Fragilität der Interaktionsordnung verweist.

Wenn es zu Störungen kommt, weil sich etwa Fehler im Ablauf des Rituals einschleichen, dann wird die Interaktionsordnung oft durch *Stigmatisierung* gestört. D.h., wenn das, was wir glauben vorwegnehmen zu können, wenn wir auf Andere treffen – die virtuale Identität –, nicht mit dem übereinstimmt, was diesen Anderen an Attributen tatsächlich bewiesen werden kann – aktuale Identität –, dann liegt eine Diskrepanz vor, die man Stigma nennen kann (Goffman 1967: 10). »Stigma« ist folglich ein relationaler Begriff, der nicht direkt eigenschaftsbezogen fungiert, also nicht alle unerwünschten Eigenschaften betrifft, sondern sich nur auf jene Merkmale bezieht, die nicht zum »Typus von Individuen« passen. Die Relation von antizipiertem Typus und tatsächlicher Eigenschaft macht das Stigmatisierungspotential aus, so dass jede von einem Typus abweichende Eigenschaft ein Stigma darstellen kann. Aber die körperliche Gefährdung ist nicht die einzige, die Goffman (ebd.: 12f.) vor Augen hat, er unterscheidet »[d]rei krass verschiedene Typen von Stigma [...]. Erstens gibt es Abscheulichkeiten des Körpers – die verschiedenen physischen Deformationen. Als nächstes gibt es individuelle Charakterfehler [...]. Schließlich gibt es die phylogenetischen Stigmata von Rasse, Nation und Religion.«

Individualisierung bedeutet bei Goffman also, dass man zum einen herausgerissen wird aus dem Bereich des als kollektiv »normal« Definierten und zum anderen hineingedrückt wird in jene Gruppe von Akteuren, die mittels Stigma-Management um ihre situativ passende Individualitätsinszenierung ringen. Individualisierung ist hier ein permanenter Prozess der Selbstkorrektur innerhalb von Interaktionen zur Bewahrung der Ich-Identität *und zugleich* der Interaktionsordnung. Identitätsproduktion und Interaktionsordnungsproduktion sind in diesem Prozess miteinander verwoben, d.h. als Inszenierung innerhalb der Interaktion wird Individualität generiert – und zugleich gefährdet, denn zum einen kann die Inszenierung schief gehen und zum anderen können die Interaktionsstrukturen selbst die Identität bedrohen. Nur in der Interaktion kann der Akteur für sich selbst und für die Anderen seine evaluativen Selbstansprüche bestätigen, also jene realisierbaren, aber noch nicht realisierten Vorstellungen von sich selbst, wie man sein und leben möchte. Auch die normativen Selbstansprüche, jene individuellen Sollensvorstellungen, die dafür sorgen, dass das eigene Handeln in bestimmten normativen, oftmals gesellschaftlich vorgegebenen Bahnen verläuft, sind stets gefährdet, denn das, was man sein möchte, wird in der Regel beschränkt durch das, was man sein darf. Interaktionen sind die Orte, an denen man die Realität durch die Selbstinszenierung an die eigenen Ideale anpassen kann. Zugleich relativieren die Interaktionen die Idealvorstellung, weil recht schnell deutlich werden kann, inwiefern der Akteur dazu befähigt ist, seinen evaluativen und normativen Selbstansprüchen gerecht zu werden, d.h. über angemessene Kompetenzen verfügt. Kurz: Auch die kognitiven Selbsteinschätzungen sind situativ auf die Interaktionen bezogen.

Die Spaltung zwischen virtualer und aktualer sozialer Identität zwingt zur Bewältigung selbst dann, wenn z.B. nur ein Spiegel anwesend ist – man denke nur an Umkleidekabinen. »Akzeptierung« ist offensichtlich ein zentrales Merkmal des Stigmatisierungsprozesses (Goffman 1967: 18). Folglich könnte man auch im Sinne der Erzeugung des Selbstbildes vom Ich von einer »Individualisierung durch Akzeptanzerzeugung gegenüber Anderen« sprechen. Das Mittel der Wahl dieser Individualisierung sind Korrekturhandlungen, von denen Goffman sehr viele beschrieben hat.[12]

Insgesamt kann man festhalten: Individualisierung als Prozess des Raus und Rein wird in dieser Perspektive hergestellt durch die Erzeugung einer einzigartigen (siehe zur Einzigartigkeit Goffman 1967: 72ff.) persönlichen Identität (ebd.: 74) mittels Stigma-Management (meistens im Rahmen von Ritualen), wozu prinzipiell alle möglichen Identitätsaufhänger möglichst kontrolliert werden müssen, also all das, was zur persönlichen Identifizierung der Einzigartigkeit benutzt werden kann und soll (Fingerabdruck, Kombination von Fakten in der Lebensgeschichte, Handschrift, Name, Sprache, Ausweisnummer, Narben usw.).

Der »Clou« des Buches über »Stigma« ist, dass Goffman am Ende darlegt, dass es dabei nicht um einen besonderen Kreis von Akteuren geht, sondern dass *wir alle* mehr oder weniger stigmatisiert bzw. stigmatisierbar sind. Individualisierung ist so gesehen ein permanenter und alltäglicher Prozess. Dies drückt sich auch in dem Titel seines Buches »Wir alle spielen Theater« (1969) aus. Zum einen sind es *wir alle*, die spielen – wir alle müssen raus auf die Bühne unserer Selbstdarstellung. Zum anderen spielen wir alle *Theater*. Goffman nutzt den Vergleich zum Theater, um die Mittel der Aufrechterhaltung der Interaktionsordnung fassen zu können. So beschreibt er die Situationsbestimmung für das Publikum als »Fassade«, womit das »standardisierte Ausdrucksrepertoire« gemeint ist, im Theater etwa das Bühnenbild, im Privatleben z.B. Möbelstücke. Schon daran wird deutlich, dass sich so verstandene Individualisierung und Standardisierung nicht aus-, sondern einschließen. Das gilt ebenso für die »persönliche Fassade«, also jene Ausdrucksmittel, die mit dem »Darsteller« identifiziert werden: Geschlecht, Kleidung, Größe, Haltung, Sprechweise usw. Als »Verhalten« wird in dieser Terminologie jener Teil der persönlichen Fassade bezeichnet, die die Rolle anzeigt, die der Darsteller spielen will. Hier erkennt man sehr schön die Verschiebung im Gegensatz zum üblichen soziologischen Rollenbegriff als an soziale Positionen gerichtete Erwartungen, insofern Verhalten als ein aktivistisch-intentionales Ausrichten auf eine Rolle des Akteurs verstanden wird.

Im o.g. Sinne wird eine gewisse Kohärenz zwischen Bühnenbild, Erscheinung und Verhalten als Teil der virtualen Identität erwartet, weshalb die Akteure um eine angemessene »dramaturgische Gestaltung« bemüht sind. Identitätsbehauptung bedeutet hier in der Theater-Metaphorik, dass die Tätigkeiten während der Interaktion das ausdrücken müssen, was der Darsteller mitteilen will. Es droht die Stigmatisierung, wenn der Preisboxer sich belesen gibt, der Chirurg menschenverachtende Witze reißt, der Polizist moralische Mängel offenbart oder der Professor sich im Kraftsport übt. Und wie für den Schauspieler, so drohen auch dem Alltagsdarsteller Stigmatisierungsgefahren, denn immer kann es zu einer mangelnden Kohärenz kommen, z.B. wenn der Ausdruck nicht dem Handeln entspricht bzw. umgekehrt, wenn aufgrund eines Mangels an Muskelkontrolle Störungen in der Interaktionsbeteiligung hervorgerufen werden. Beispiele wären das Stottern oder eine mangelhafte Inszenierung, z.B. weil man peinliche Pausen nicht überbrückt bekommt.

Derartige individualitätsgenerierende Interaktionsarbeit ist eine soziale Notwendigkeit – die These ist: Man kann ihr nicht entgehen! Oder vielleicht doch? Wir erfahren bei Goffman wenig darüber, welche konkreten gesellschaftlichen Bedingungen mehr oder weniger Interaktionsordnungsmanagement erfordern. Klar ist aber, dass man in der Goffman'schen Perspektive nicht identitätslos leben kann, Identität aber nicht einfach gegeben und auch nicht unveränderlich ist, weshalb sie permanent behauptet werden muss. Die Identitätsbehauptung vollzieht sich in Zusammenhängen sozialer Interaktion, insofern die durch andere Akteure gestellte soziale Umwelt eine Identität bestätigen oder bedrohen kann, wobei manchmal schon die Nicht-Bestätigung eine Bedrohung und die Nicht-Bestätigung einer Bedrohung eine Bestätigung darstellen kann. Nach Schimank (2000a: 132ff.) sind drei Arten der Identitätsbedrohung vorrangig. Erstens können einzelne Bestandteile des Selbstbildes eines Akteurs nicht-bestätigt werden, so dass ein begrenztes Identitätsbehauptungsproblem auftaucht. Bei dieser »spezifisch substanziellen Identitätsbedrohung« wird nicht die ganze Identität in Frage gestellt, sondern lediglich hinsichtlich spezifischer Aspekte. Wer sich selbst die Identität als Frauenheld zuschreibt, fühlt diese vielleicht kurz wanken, wenn er mal von einer Frau einen Korb bekommt, die Identität ist damit aber nicht gänzlich in Frage gestellt. Zweitens können die körperlichen Voraussetzungen der Identitätsbehauptung bedroht sein. Der Tod bedroht die meisten Identitäten maßgeblich, aber auch Krankheiten und andere körperliche Beeinträchtigungen, z.B. durch Altern, Unfälle usw., gehören in die Kategorie der »indirekten Identitätsbedrohungen durch Existenzgefährdungen«. Medizinische Fortschritte zielen z.B. nicht nur auf Gesundheitsproduktion, sondern ebenfalls auf Identitätserzeugung oder -bewahrung, man denke nur an die kosmetische Chirurgie. Drittens schließlich wird die Identität durch »Entindividualisierungserfahrungen« bedroht, wie sie Goffman anhand von »totalen Institutionen« wie psychiatrischen Anstalten oder Gefängnissen beschrieben hat.

Wir wollen hier nun nicht weiter mutmaßen, inwiefern bestimmte Gesellschaften bestimmte Identitätsbedrohungen mit sich geführt haben und schon gar nicht wollen wir derartiges bewerten. Wer will schon angeben, ob die Identität heute wirklich mehr durch Arbeitsplatzverlust bedroht ist als diejenige eines Landwirtes vor 200 Jahren im Falle einer zu geringen Ernte? Zumindest kann man vermuten, dass selbst bei aller kommunikativen Durchdringung der Gesellschaft (Münch 1991) hinreichend viele Interaktionen unter körperlich Anwesenden vollzogen werden, die ein nahezu permanentes Vermeiden von Interaktionsstörungen herausfordern.

2. Individualitätsproduktion durch Macht und Herrschaft (Michel Foucault, Zygmunt Bauman)

Eine weitere Einschränkung erfährt die Selbst-Inszenierungsfähigkeit dadurch, dass es soziale Kräfte gibt, die ein Interesse daran haben, dass Akteure sich als *bestimmte* Individuen inszenieren – oder die selbst Akteure als bestimmte Individuen inszenieren wollen. Wir ergänzen das Goffman'sche Repertoire also um eine Perspektive, in der das Individuum etwas ist, das ziemlich sorgfältig erzeugt, hergestellt, produziert wird – und dies zum Teil ohne Einfluss der Akteure selbst und manchmal sogar, ohne dass die Akteure das merken (und häufig genug zu deren Nachteil).[13] Diese Perspektive schließt vor allem an die Arbeiten von Michel Foucault an. Foucaults Antwort auf die Frage: »Wie und warum wird das ›Individuum‹ durch Soziales konstituiert?«, beruht auf der Grundthese, dass es Macht- und Herrschaftsstrukturen sind, durch die das Individuum geschaffen wird. Seine Analysen zielen nicht darauf, was der Mensch in bestimmten sozialen Kontexten *ist*, sondern wer mit welcher Macht und mit welcher Technik Antworten zu dieser Frage *erzeugt*. Wie Böckling (2003: 80) es treffend formuliert: Bei Foucault »existiert das Subjekt nur im Gerundivum: als zu explorierendes, zu normalisierendes, zu optimierendes, ästhetisch zu gestaltendes usw.«

Zunächst muss man festhalten, dass Foucault den Machtbegriff recht eigenwillig verwendet hat, insofern er den bloßen Einfluss handelnder Akteure aufeinander als Macht begreift: »Ich will sagen, dass [...] Macht immer präsent ist: womit ich die Beziehung meine, in der der eine das Verhalten des anderen zu lenken versucht.« (Foucault 1985: 19) Insofern kann man sagen, dass alle sozialen Beziehungen Machtstrukturen aufweisen, weil Akteure sich fast immer wechselseitig in ihrem Handeln beeinflussen, es sei denn, es handelt sich um bloße Beobachtungskonstellationen, in denen die Beobachtung an sich keinen *direkten* Einfluss ausübt (vgl. Schimank 2000a: 207ff.). Folglich existiert auch nicht *die eine* Macht, sie ist keine Substanz, sondern Mächte tauchen als koordinierte Bündel von Beziehungen auf: Sie sind nicht nur nicht in Institutionen (Staatsapparaten, Klasse usw.) lokalisierbar, sondern finden sich auf allen gesellschaftlichen Ebenen und wirken in allen menschlichen Beziehungen. Darum geht es bei diesem Machtbegriff: Er lässt deutlich werden, dass das Wesen der Macht nicht im Verbot, im Restriktiven, im Nein-Sagen, im Gesetz liegt. Diese juristische Sichtweise ersetzt Foucault durch eine technologische Perspektive von Macht, die neben und im Unterschied zu Macht Herrschaftszustände erkennen lässt, die als Resultate verfestigter, asymmetrischer Machtstrukturen beschrieben werden. Herrschaftszustände, so könnte man sagen, sind starre, einseitig wirkende Machtstrukturen, die es einem Teil der Akteure nicht mehr erlauben, die Machtstrukturen zu verändern (Foucault 1985: 11).

Damit wird deutlich, weshalb Macht bei Foucault entgegen dem soziologischen Mainstream gedacht wird, der eher an Max Webers Grundbegriff anschließt, bei dem der Durchsetzungscharakter von Macht stark gemacht und Macht weniger als Unterdrückung oder Zwang gedeutet wird, sondern die Chance bedeutet, »innerhalb einer sozialen Beziehung den eigenen Willen auch gegen Widerstreben durchzusetzen, gleichviel worauf diese Chance beruht« (Weber 1980: 28).[14] Macht muss in der Foucault'schen Perspektive nicht repressiv sein, sondern beinhaltet gerade auch ein progressives, schöpferisches Potential. (Insofern hätte unserer Meinung nach auch wenig dagegen gesprochen, von Einfluss statt von Macht zu sprechen. So hätte man Deutungsverwirrungen vermeiden können, wie sie immer vorkommen, wenn man eingelebte Begriffe verwendet und uneindeutig re-formuliert.) So ist beispielsweise die Macht der Geliebten nicht nur einschränkend, sondern auch durch ihren Einfluss handlungsbefähigend und führt bei dem geliebten, mit einer anderen Frau verheirateten Mann eventuell zu einem Kreativitätsschub. Genauso kann die Macht des Professors auf den Studenten qua Noten zu besserer Bildung führen oder die Macht der Studenten gegenüber den Professoren zu mehr Selbstdisziplin in der Vermittlung von Wissen. Anders formuliert: Jede Form der Machtausübung setzt daran an, dass das Handeln der Beteiligten nicht notwendig so ist, wie es ist – und immer auch anders sein könnte. Foucaults Machtbegriff setzt die »Kontingenz des Handelns und damit zugleich ein unhintergehbares Moment von Freiheit voraus« (Böckling 2003: 80): Man kann nur dann Einfluss auf andere Akteure ausüben, wenn man selbst nicht vollständig der Verfügung von Anderen unterliegt, also zu einem gewissen Grad frei ist. Wenn es Macht gibt, dann *weil* es auch Freiheit gibt (vgl. Foucault 1985: 19f.).

Wichtig ist, dass soziale Institutionen – wie etwa der Staat –

versuchen, solche Machtstrukturen zu entwickeln, die sie in ihrem Funktionieren zumindest begünstigen (z.B. die Staatsmacht stabilisieren), was unproblematisch ist, solange keine Herrschaftsstrukturen entstehen. Bestimmte Familienstrukturen etwa mögen bestimmte Staatsformen unterstützen und andere nicht. Gemeint ist damit keine funktionalistische Garantieleistung, aber doch ein gewisses Entgegenkommen gegenüber den sozialen Institutionen durch die Machtstrukturen. Etwas genauer kann man sagen, dass jede Technik, die eingesetzt wird, z.B. um Disziplin bei den Akteuren zu erreichen, sich möglichst kostengünstig, möglichst umfassend effektiv und möglichst »mit der Leistungsfähigkeit der Apparate verbinden [soll], innerhalb derer sie ausgeübt wird« (Foucault 1976: 280).

Es geht hier also nicht in erster Linie darum, dass Macht ein bestehendes Individuum einschränkt, sondern dass es Macht- und Herrschaftsverhältnisse sind, die das Individuum als solches erst schaffen. Individualisierung ist so gesehen die soziale Produktion des Individuums. Die Fragen, die sich dann anschließen, sind: Wie geschieht das? Und weshalb wird so etwas geschaffen? Wem nützt das? Eine erste Antwort ist, dass das Individuum geschaffen wird, um einen höheren Grad gesellschaftlicher Kontrolle zu erreichen. Mit dem dargelegten, an der Kontingenz des Handelns ansetzenden Machtbegriff wird deutlich, dass Fremd- und Selbstbeeinflussung der Individuen miteinander verwoben sind. In der Unterwerfung unter kirchliche Autoritäten (etwa in der Beichte), denen man sich bezüglich der Gegenwart und Zukunft des eigenen Seelenheils überantwortet, sorgt man sich in der gleichen Sache zugleich um sich selbst, da man sich mit seinen Sünden beschäftigt, das eigene Gewissen reflexiv erforscht, ggf. Reue beweist. Die kirchlichen Herrschaften stellen dafür entsprechende Inspektionstechniken bereit, deren Anwendung bereits die Unterordnung impliziert. Man kann demnach weiter fragen, weshalb neuartige Technologien eingesetzt werden müssen, die es den Akteuren ermöglichen, sich als autonome Individuen zu verstehen, deren Persönlichkeit möglichst auf »Authentizität« geeicht ist und die eine weitgehend unveränderbare Identität aufweisen.

Den Anlass für einen solchen technologischen Einsatz geben gesellschaftliche Veränderungen; Foucault (2005: 226) spricht etwa von der Arbeitsteilung als dem »eigentlichen Grund, weshalb man die neue Arbeitsdisziplin erfinden musste«.[15] Gesellschaftliche Veränderungen erfordern eine Anpassung der »Episteme«, jener die Welt ordnenden Denkweisen, die sich im gesellschaftlichen Wissen figurieren. Foucault arbeitet diese Veränderungen etwa an der Änderung der Strafpraxis ausgehend vom 18. Jahrhundert bis zur Gegenwart aus, in der die Züchtigung der Akteure zunehmend ihrer Isolierung weicht. Am Ende dieses historischen Prozesses ist ein vollständiges Disziplinar- und Überwachungssystem entstanden, in dem die Akteure immer weniger gefoltert und immer mehr isoliert und abgerichtet werden. Dieses Netz von Kontrollmechanismen, Überwachungs- und Normalisierungssystemen bringt ein berechenbares und effektives Individuum hervor – und umgekehrt: Die Konstruktion des Individuums ermöglicht das Disziplinarsystem.

In Perfektion wird anhand des Panoptikums demonstriert, wie Akteure mit einiger Sorgfalt durch soziale Kräfte in Szene gesetzt werden und sich dabei durch zunehmende Selbstdisziplinierung »individualisieren«. Dem Panoptikum, ein vom britischen Philosophen Jeremy Bentham stammendes Konzept zum Bau von Fabriken, Gefängnissen und ähnlichen Anstalten, liegt das Prinzip zugrunde, dass von einem zentralen Ort aus alle Organisationsmitglieder (z.B. Gefängnisinsassen) beaufsichtigt werden können. Ein Turm in der Mitte eines Gefängnisses etwa ermöglicht, dass ein Wächter viele bzw. alle Gefangenen überwachen kann. Hinzu kommt, dass der Wächter bei der Ausübung der Kontrolle nicht gesehen wird, d.h. keiner der Gefangenen weiß, wann er selbst überwacht wird. Diese Art der unterstellten Dauerüberwachung – ein Leben mit der Erwartung, dass man ständig kontrolliert wird, ohne diesem Zustand entkommen zu können – führt zu einer Anpassung durch Internalisierung des Kontrollanspruchs: Die Fremd- weicht der Selbstkontrolle. So wie bei Max Webers These von der Entwicklung des kapitalistischen Geistes aus der Protestantischen Ethik heraus – die These der Anpassung der Protestanten an die der Prädestinationslehre geschuldeten, nicht überprüfbaren Unterstellung, nur durch Selbstdisziplin in das Himmelsreich gelangen zu können – entwickeln die Gefängnisinsassen einen »Geist der Disziplin«.

Der Grundprozess des Raus und Rein bleibt auch dabei erhalten: raus aus der einen, äußerlich einwirkenden Disziplinarform, rein in eine andere, innerlich wirkende Disziplinarform, die eine andere Figur der Individualität benötigt bzw. miterzeugt. Neu an dieser Disziplinarform ist, dass man die Akteure nicht mehr nur absondert, wie beispielsweise die Leprakranken im Gegensatz zu den Pestkranken, die man sorgfältig katalogisiert und individuell beobachtet hat, – sondern beide Umgangsweisen, Einschluss und Ausschluss (im Sinne der Absonderung), kurzschließt: Der Ausschluss erfolgt dadurch, dass die Akteure sich selbst in das Disziplinarsystem einschließen. Während die dahinter verborgene Herrschaft immer anonymer wird, werden die Akteure immer weniger anonym und somit immer individueller. Um sie besser kontrollieren zu können, werden sie aus der anonymen Masse herausgerissen und individualisiert observierbar: »Disziplin ist im Grunde der Machtmechanismus, über den wir den Gesellschaftskörper bis zum kleinsten Element, bis zu den sozialen Atomen, also den Individuen, zu kontrollieren vermögen. Es handelt sich um Techniken der Individualisierung von Macht.« (Foucault 2005: 228)

Die Frage, die mit diesen Macht- oder besser: Herrschaftstechniken verbunden ist, lautet: Wie kann man den Akteur so positionieren, dass er am nützlichsten ist? Dies ist durchaus auch – aber nicht nur – räumlich zu denken. Foucault (2005: 229f.) gibt das Beispiel der Schule, die im Gegensatz zum früheren Unterricht im Hause eine Individualisierung bedeutet, weil die Schüler aus der direkten Kontrolle ihres Hauslehrers entlassen werden und mehr Aktionsmöglichkeiten haben, wenn sich die Aufmerksamkeit des Lehrers nun auf sehr viele Schüler verteilen muss. Ein Versuch, trotz der Vielzahl der Schüler in einer Klasse eine Individualisierung der Macht zu erreichen, die eine möglichst permanente Kontrolle und lückenlose Überwachung ermöglicht, ist die Anordnung der Schülerbänke in Reihen vor dem Lehrer, was im Gegensatz zu früheren Lehranordnungen um den Lehrer herum nun erlaubt, jeden einzelnen Schüler »ins Auge zu fassen«, die individuellen körperlichen und geistigen Anwesenheiten zu kontrollieren usw.

Soziologisch kann man fragen: Weshalb ist dies notwendig?

Oder: Wer steckt dahinter? Nach Foucault ist es der Umbau der Gesellschaftsstruktur, der eine Andersbehandlung der Akteure erfordert. Da die kontrollierende Gemeinschaftlichkeit sich auflöst, entfallen nach und nach die zentralen, symbolisch etwa anhand von Militärparaden demonstrierten gesellschaftlichen Macht-Exekutionen. Implementiert wird ein entsprechendes alltäglicheres Verfahren der Überwachung (Panoptismus) mit dem Ergebnis, dass letztlich jeder jeden kontrolliert – und weder die Kontrollierenden noch die Kontrollierten wissen darum! Beispielsweise wird es zu einer bestimmten Zeit als »normal« angesehen, dass Frauen Hausfrauen und Männer berufstätig sind. Männer und Frauen halten dies für »normal« und kontrollieren sich darin gegenseitig, ohne sowohl die wechselseitige Überwachung als auch die soziale Konstruiertheit dieser Beziehungsform zu bemerken. Die so genannte »nachholende Individualisierung der Frauen« wäre aus Foucaults Perspektive dann nichts weiter als ein Ausbau der wechselseitigen Kontrolle von Männern und Frauen. So wie ehemals die Polizeigewalt alles erfassen musste – »den Staub der Ereignisse, der Handlungen, der Verhaltensweisen, der Meinungen – ›alles, was passiert‹« (Foucault 1976: 274) –, so sorgt diese nachholende Individualisierung für eine umfassende, ununterbrochene Kontrolle, ohne aber die hohen Kosten eines Kontrollapparats mitzuführen, der notwendig wäre, wenn diese Kontrolle permanent exogen erzwungen werden müsste. So gesehen ist das diskursive Feld, das die Gleichheitsbestrebungen der Geschlechter fundiert, z.B. die *Gender Studies* oder die Individualisierungsdebatte, in dem das Geschlechterverhältnis und die beteiligten Akteure zu Objekten des Wissens gemacht werden, zugleich der Ort, an dem Frauen und Männer zu Subjekten des Wissens werden.

Der Gesellschaftsumbau führt also zu einer Invisibilisierung der Herrschaft. Genauer gesagt: Die Macht ist sichtbar, aber die Herrschaft uneinsehbar. Nicht mehr die Herrscher (Könige, Souveräne) sind diejenigen, die mit dem Status des Individuellen ausgestattet werden, sondern die der Herrschaft Unterworfenen: Mit anderen Worten beobachtet Foucault für die moderne Gesellschaft eine »absteigende Individualisierung«, in der nicht mehr, wie etwa im Feudalsystem, die Individualisierung ihren höchsten

Grad unter den Souveränen erreicht – symbolisch flankiert durch den Stammbaum, historisch überlieferte Heldentaten, Zeremonien, Denkmäler usw. Aus der zunehmenden »Invisibilisierung« von Herrschaft, bei der die genannten Symbole durch heimliche Überwachung, Beobachtung, Messung ersetzt werden, resultiert eine »absteigende Individualisierung«, die jene betrifft, die der Herrschaft unterworfen sind (Foucault 1976: 248ff.): Das Kind wird mehr individualisiert als der Erwachsene, der Kranke mehr als der Gesunde. Hier setzen die Psychotherapien und Psychologien an. So kann man z.B. an der Geschichte der Depression nachzeichnen, wie die Möglichkeit des Einsatzes von Pharmazeutika wesentlich nicht nur an der Definition dessen, was Depression sein könnte, beteiligt ist, sondern damit auch an der Vorstellung, um welches Individuum es dabei geht (vgl. Ehrenberg 2008). Anhand des Umgangs mit Lepra- und Pestkranken zeigt schon Foucault (1976: 254f.), dass das Modell der Disziplinierung mit der individuellen Differenzierung der Pestkranken einhergeht, die wiederum »individualisierende Aufteilungen« sowie andersartige Macht- und Kontrollmechanismen verlangt, im Gegensatz zum Umgang mit Leprakranken, die, wie gesagt, schlicht abgesondert, ausgeschlossen, verbannt werden. Wichtig ist dabei, dass die Unterworfenen an der Herrschaftsausübung nicht gänzlich unbeteiligt sind! Die Unterworfenen sind Teil der Machtbeziehungen, üben selbst darin Einfluss aus – und erzeugen Herrschaftsstrukturen so mit. Erst auf diese Weise, so Foucault, hat die Gesellschaft zum Gefängnis werden können.

Die Gesellschaft wird heutzutage in diesem Sinne zum Gefängnis, indem sie beispielsweise ganz allgemeine Vorstellungen des »guten Lebens« schafft. Denn Werte sind es, die die Akteure internalisieren und ihnen vorgibt, was gut und was schlecht ist. Die Wissenschaften sind an diesen sozialen Konstruktionen wesentlich beteiligt. Eine Soziologie etwa, die bei dem Versuch, die Frage zu beantworten, wie denn soziale Ordnung möglich ist – *die* klassische soziologische Frage – und dabei von einem Menschenbild ausgeht, das den Menschen als des Menschen Wolf definiert, wenn dieser nicht gesellschaftlich geregelt wird, implementiert ganz bestimmte Vorstellungen, die mit bestimmten Machtstrukturen korrespondieren. Es geht nicht darum, ob

Hobbes, Durkheim oder Parsons als typische Vertreter einer solchen Anschauung inhaltlich richtig liegen oder nicht, sondern darum, dass die Vermittlung ganz bestimmten Wissens bestimmte Macht- und/oder Herrschaftsstrukturen fördert, dies aber nicht expliziert, sondern verschleiert. So erzeugt beispielsweise das sich durch die Pädagogik oder die Psychologie den Akteuren an die Hand gegebene Wissen um die speziellen Erfordernisse der Kindheit oder der Partnerschaft eine bestimmte Regulation von Familie, Elternschaft und Intimität, institutionell gestützt z.B. durch Kindergarten, Schule oder Therapeuten, die mit Bezug auf diese Wissensbestände auf Handeln gegen dieses Wissen reagieren, dieses zuweilen auch sanktionieren. Ähnliches ließe sich für Medizin, *Gender Studies* oder andere Felder nachzeichnen.

Zygmunt Bauman macht diese Konsequenzen anhand der Metapher des Gärtners deutlich: Der Gärtner, der eine bestimmte Vorstellung hat, welche Gartenordnung zu verwirklichen ist, entscheidet zugleich darüber, welche Blumen wachsen dürfen und welche als Unkraut ausgerissen gehören. In ähnlicher Weise entscheiden Vorstellungen über die gesellschaftliche Ordnung darüber, welche Akteure inkludiert werden können und welche Akteure ausgeschlossen werden müssen. Am Beispiel des Holocaust führt Bauman (1989, 1992) auch deutlich vor, wie die Unterdrückten selbst an der Aufrechterhaltung der Ordnung mitwirken, etwa wenn die in einem Ghetto Gefangenen darüber entscheiden, welche Juden zu opfern sind, damit andere gerettet werden können, um auf diese Weise »rationale Exekutionen« zu ermöglichen. Zwar gilt: Kultur, verstanden als Versuch, die kontingenten Dinge der Welt so zu manipulieren, dass eine nach eigenen Vorstellungen und Werten konstruierte soziale Ordnung entsteht, ist eine Notwendigkeit. Durch Kultur erhält der Mensch die Chance, wie Bauman betont, Inseln der Ordnung im Chaos der Existenz zu schaffen und die unhintergehbare gesellschaftliche Kontingenz zu vertuschen (Bauman 1997: 28). Gerade wenn es gelingt, den Konstruktionscharakter der Manipulation zu verschleiern, bietet Kultur einen hohen Grad an Sicherheit. Zugleich ist diese Verschleierung, die kulturelle Befunde quasi-natürlich erscheinen lässt, die generelle Basis dafür, andere Akteure auch gegen ihren Willen zu einem bestimmten Handeln zu bewegen. Nicht Sichtbarkeit, auch Unsichtbarkeit ist eine Falle (vgl. Foucault 1976: 257). Kultur ist deshalb für Bauman unauflöslich mit Herrschaftszuständen im Foucault'schen Sinne verbunden. Wird dies nicht berücksichtigt, wird in der Kulturproduktion nicht wenigstens über die Herrschaftsverhältnisse aufgeklärt, dann sorgt die Gesellschaft u.U. für eine Ent-Moralisierung, z.B. indem Menschen als unwert, als Schädlinge usw. moralisch neutralisiert werden.

Das Zeitalter der Moderne hat die mit ihrer Kultur einhergehende Machtasymmetrie voll und ganz genutzt und war nach Bauman durch autoritäre Repression und Überwachung gekennzeichnet. Es ging darum, Kontrolle über das Denken und Handeln des Individuums zu erreichen (Bauman 1999: 150). Mit dieser Kontrollfunktion betraut waren vor allem zentralisierte, bürokratische Institutionen, die die Regeln vorgaben und ihre Einhaltung überwachten. Bauman nennt die ganze moderne Gesellschaft ein Panoptikum: Wie die Figuren in einem Wachsfigurenkabinett waren die Beherrschten – fixiert hinter dicken Fabrik- und Kasernenmauern – den Blicken ihrer Überwacher hoffnungslos ausgeliefert (Bauman 2003: 17). Die Individuen wurden nur noch als aktuelle oder potentielle *Produzenten* und *Soldaten* gesehen, deren Verhalten durch Verordnungen und Routinen standardisiert und vorhersehbar gemacht werden sollte, um dadurch den ersehnten Fortschritt zu garantieren (Bauman 1997: 182). Dies implizierte auch die zur Konformität drängende Disziplinierung des Körpers (ebd.: 197ff.; vgl. Foucault 1974: 173ff.): Die modernen Individuen sollten für die *Gesundheit* ihres Körpers sorgen, um produzieren und kämpfen zu können: »Die Art des körperlichen Einsatzes in Fabrik und Armee definierte, was ›starker Körper‹ bedeutete. Sie setzte den Maßstab für Stärke und Schwäche, Gesundheit und Krankheit.« (Bauman 1997: 176f.) Eine mangelnde Gesundheit der Bevölkerung wurde als eine Bedrohung der sozialen Ordnung empfunden, weil Männer, die weder arbeiten noch Militärdienst leisten konnten, in der Moderne »außerhalb des Netzes gesellschaftlicher Kontrolle« (ebd.: 177) lagen.

Als Mittel gegen diese rigide Moderne empfiehlt Bauman eine

individuelle Moral – bzw., da er derartig entmoralisierende Gesellschaftsentwürfe als typisches Merkmal der Moderne konzipiert, eine »postmoderne Ethik« (Bauman 1995a). Diese geht davon aus, dass der Mensch ursprünglich moralisch ist: Wenn ihm keine sozialen Regeln auferlegt werden, dann kann sich sein wie biologische Triebe verankerter »moralischer Impuls« unmittelbar zeigen. Jegliche gesellschaftliche Eingriffe unterwandern in dieser Perspektive die Chance auf moralische Individualität. Anders formuliert: Ethik, verstanden als Theorie der Moral, be- und verhindert Moral. Je mehr Erzieher und Gelehrte versuchen, den Menschen ethisches Wissen zu vermitteln, desto mehr wird der moralische Impuls diszipliniert und desto größer ist die Möglichkeit, dass die Gesellschaft zu einer Disziplinargesellschaft bis hin zum Holocaust verkommt.

An dieser Stelle lässt sich der Bogen wieder zurück zu Foucault schlagen. Auch dieser hat als Gegenpol zur überbordenden Disziplinierung eine Art »individuelle Moral« gefunden und zwar in der griechischen Antike, in der es in der Ethik nicht um Verbote und Gebote ging, sondern um eine »Herrschaft des Selbst«, die erst dazu befähigt, über Andere zu herrschen. Für Foucault ist ebenso wie für Bauman klar, dass die Praktiken, wie sich Subjekte selbst konstituieren (Selbsttechniken) nicht etwa frei erfundene, kreative Eigenleistungen sind, sondern sozial mindestens gerahmt, wenn nicht vorgeschrieben werden. Auch die Vorstellung des »freien Mannes« ist der Idee eines brauchbaren Wesens als Bürger geschuldet. Insofern war Foucault auch skeptisch gegenüber den verschiedenen Individualismen. Trotzdem kann man bei ihm, wenn nicht gleich eine Totallösung, so doch einen ethischen Alternativentwurf etwa im Konzept der Selbstsorge finden. Denn Sorge um sich selbst ist kein Egoismus, weil eine Selbstbeziehungsintensivierung nicht mit einer Privatisierung einhergehen muss. Der Selbstsorge ist die Sorge um Andere inhärent, weil sie als *gesellschaftliche* Praxis gesellschaftliche Beziehungen intensiviert. Vor allem aber bewahrt das Sich-selbst-Regieren davor, Andere beherrschen zu wollen, denn ist man sein eigener Herr, braucht man keine fremden Führer und hat auch kein Bedürfnis, Andere führen zu wollen. In gewisser Weise argumentiert Foucault (1985: 15f.) hier buddhistisch, sofern Fürsorge daraus entsteht, dass man sich selbst nicht zum Sklaven seiner Begierden macht und man aufgrund seiner Selbstsorge Wissen über sich selbst erworben hat (was kann ich, was bin ich, was bedeutet es für mich, was ist für mich ratsam zu erhoffen, was muss ich als indifferent betrachten?). Wenn man diesbezüglich frei von Begierden ist, werden einerseits Herrschaftszustände vermieden; andererseits entstehen weiterhin Einflusskonstellationen bzw. Machtbeziehungen im Foucault'schen Sinne. Diese beinhalten bei einer gelebten Selbstsorgepraxis aber eher Widerstände etwa im Sinne von Aufbegehren als eine Form von Gegen-Macht (Gegen-Einfluss) gegen vorgegebene Rollenmuster oder Identitätsmuster. Man könnte sagen: Die Selbstinszenierung als Individuum verstärkt sich in der Selbstsorgepraxis gegenüber der Fremdinszenierung. Hier begegnen sich Goffman und Foucault in der Annahme, dass sich das Individuum (als solches) ständig neu schaffen muss. Ein derartig multiples Selbst entkommt eher den Ein- und Ausschließungsprozessen, weil es eben ständig in Bewegung ist.

Gleichwohl: Auch das »multiple Subjekt« ist sozial in Beton gegossen, es wird erst in der »Unterwerfung« beweglich und frei. Freiheitspraktiken sind somit immer die Kehrseite von Unterwerfungstechnologien. Dies wird wiederum von Bauman betont, der hervorhebt, dass gerade die gesellschaftlichen Disziplinierungstechniken an der vermeintlichen (da durch die Gesellschaft in Szene gesetzten) Freiheit des Einzelnen ansetzen – wiederum mit entmoralisierendem Charakter. Einerseits erkennt Bauman in der Gegenwartsgesellschaft Anzeichen dafür, dass der wertend-unmoralische Charakter der Moderne mit einer Auflösung traditionaler Strukturen verloren gehen könnte, weshalb er diese Gesellschaft auch »Post-Moderne« nennt: »Es gibt eine wirkliche Chance in der Postmoderne: [...] die von der Moderne verrichtete Arbeit der ›Entbettung‹ zu ihrem Ende zu bringen.« (Bauman 1994: 23; siehe auch Beck 1998) Die Entbettung – die fortschreitende Freisetzung der Individuen aus traditionalen Sozialstrukturen – kann in dieser Perspektive durchaus auch zur Freilegung des ursprünglichen »moralischen Impuls[es]« beitragen, auf sich selbst gestellt eine Wahl zwischen Gut und Böse zu treffen und damit Verantwortung zu übernehmen.

Andererseits konstatiert Bauman, dass die Postmoderne nicht mit dem Zusammenhang von Kultur und Herrschaft bricht, sondern sich dieses Verhältnis nur anders darstellt: Hinsichtlich seiner Herrschaftsstrukturen ist das postmoderne Zeitalter im Vergleich zur Moderne für Bauman durch die noch perfidere (oder: erfolgreichere) Verschleierungen von Herrschaftsbeziehungen gekennzeichnet: »Folgsamkeit gegenüber vorgegebenen Standards (eine variable und vorzüglich justierbare Folgsamkeit angesichts hochgradig flexibler Standards, sollte man hinzufügen) wird heute eher durch Verlockung und Verführung als durch Zwang erreicht – und das Ganze erscheint im Gewand des freien Willens: Als extern auferlegter Zwang wird es nicht sichtbar.« (Bauman 2003: 104) Die modernen panoptischen Institutionen sind abgebaut worden. Raffinierte Verfahren qua Verführung »[sind] an die Stelle von Überwachung und Zwang« (Bauman 2000b: 214) getreten.

Den Grund für diesen Wandel sieht Bauman (2003: 17ff.) in den Beschränkungen des panoptischen Modells: zu teuer, zu aufwendig, zu viel Verwaltung, zu personalintensiv, unflexible örtliche Bindung. Mit den Möglichkeiten, die vor allem die digitalen Kommunikationstechnologien schaffen, kann sich die Herrschaft exterritorialisieren und von den genannten Beschränkungen des Panoptikums befreien: »Mit dem Ende des Panoptikums wirft das Ende der Ära gegenseitigen Engagements seine Schatten voraus. Wir sehen das Ende der Beziehung zwischen Überwachern und Überwachten, Kapital und Arbeit, Führern und seinen Anhängern, selbst von Armeen im Krieg. Als wesentliche Machttechniken zeichnen sich jetzt das Ver- und Entschwinden ab, das Ausbüchsen, das Sich-Entziehen, die Verweigerung jeglicher territorialen Beschränkung, samt den damit verbundenen mühseligen und kostspieligen Aufgaben der Errichtung und Erhaltung einer Ordnung in diesem Territorium.« (Ebd.: 19) Genau in diesem Sinne bedeutet Individualisierung bei Bauman (ebd.: 43) »die Gewährung einer Autonomie *de jure* (egal ob sie *de facto* gewährt wird oder nicht)«. Dieses Überlassen von und in Freiheit als ein Sich-Entziehen ist für Bauman auch deshalb problematisch, weil seiner Ansicht nach der Grundprozess der Individualisierung, das Raus und Rein, dann nicht mehr funktioniert, denn die Individuen werden zwar aus einem sozialen Kontext entlassen, aber manche oder viele wie in der »Reise nach Jerusalem« nicht in einen anderen überführt (Bauman 2003: 45). Kein Wunder also, dass Bauman (2008) den Gegenwartsmenschen ein »Leben in Ungewissheit« diagnostiziert. Damit erledigt sich zugleich auch die Hoffnung auf eine »moralischere Gesellschaft«, denn dieses Überlassen in abstrakte, aber nicht tatsächliche Freiheit führt nach Bauman dazu, dass die Menschen indifferent und gerade nicht angehalten werden, ihren moralischen Impuls in direkter Interaktion von Antlitz zu Antlitz wirken zu lassen. Zugleich wird »das Individuum der schlimmste Feind des Bürgers« (Bauman 2003: 49), weil die Indifferenz jegliches öffentliche Anliegen hinter die Individualinteressen treten lässt.[16]

Das, was Bauman dann als flüssige Moderne charakterisiert, ist prinzipiell auch für Foucault sichtbar geworden, der relativ früh (1978) konstatiert hat, dass wir uns von der Disziplinargesellschaft modernen Zuschnitts zukünftig werden verabschieden müssen, da die Individuen »mannigfaltiger, unterschiedlicher und unabhängiger« (Foucault 2005: 145) werden und es nicht mehr so stark darauf ankommt, zu gehorchen. Dies ist einer *Änderung* der Macht- bzw. Herrschaftstechnologien geschuldet, nicht aber etwa ihrer Abschaffung. Als typisches Beispiel für diese Veränderung führt Bauman die in dem neuen Kodex für Managementlehre wertgeschätzte Übertragung von Freiheiten auf Unternehmensmanager in den mittleren Ebenen an, die aber mangels Unterstützung die ihnen gestellten Aufgaben kaum lösen können. Man überlässt sie *de jure* in Freiheit, *de facto* können sie diese aber nicht nutzen, müssen jedoch für die Konsequenzen individuell einstehen. Bauman (2000b: 215) erkennt implizit den Grundprozess des Raus und Rein als »Zentrum der Strategie«, da man die Untergebenen in die Freiheit entlässt, die Geschäftsinteressen selbständig zu verfolgen – wobei diese »Entbindung« zugleich eine neue Einbindung in die ausschließliche Selbstverantwortung für alle Konsequenzen bedeutet, was Bauman allerdings, wie gezeigt, nicht als »Wiedereinbettung« gelten lässt.

Böckling (2003: 82ff.) zeigt am Beispiel des so genannten »360°-Feedback« – ein Verfahren u.a. zur Mitarbeiterbefragung zur Leistungsermittlung und -optimierung – aus dem Bereich des

Human Ressource Management –, dass es durchaus eine Wiedereinbettung in soziale Strukturen gibt. Er beschreibt dies als »demokratisiertes Panoptikum«, (ebd.: 85) in dem Kontrolle durch wechselseitige Beobachtung erzeugt wird, wobei die Fremdbeobachtung zur Selbstbeobachtung und auf diese Weise zur Selbstreflexion und Selbststeuerung führen soll. Es wird kein Soll-Wert vorgegeben, den zu erreichen als optimal gilt, so wie ehemals »Gesundheit« als vorgegebener Wert an der Arbeitskraft gemessen wurde – »gesund ist, wer arbeiten kann« –, sondern eine Dynamik der Selbstoptimierung in Gang gesetzt und gehalten, so wie man jetzt »Fitness« als Wert implementiert (Bauman 1995b). Auch hier wird die produktive Kraft dieser Machttechnologie sichtbar, denn das Verfahren ermöglicht durchaus eine bessere Ausnutzung und Erhöhung des individuellen Potentials, ganz im Sinne der »Funktionsumkehr bei den Disziplinen« (Foucault 1976: 270). Die Leistungserhöhung wird durch das Frageraster markiert, das selektiert, was für relevant gehalten wird und ebenso wie der Blick auf sich und die Anderen vorgegeben ist. »Wie auch immer die Antworten ausfallen, die Fragen liegen fest.« (Böckling 2003: 87)

Wir halten, entsprechend dieses empirischen Beispiels, Baumans Wertung der nicht erfolgten Wiedereinbettung für überspitzt, weil es durchaus eine Wiedereinbettung in soziale Kontexte gibt, die allerdings jene »Nestwärme« vermissen lassen, auf die Bauman in seiner aktuellen Werksphase nun mehr Wert zu legen scheint. Individualisierung ist für ihn gegenwärtig tatsächlich gleichzusetzen mit einem Verlust an notwendiger (politischer) Gemeinschaftlichkeit, was ihn wiederum sehr skeptisch bezüglich der moralischen Verfasstheit der Gesellschaft werden lässt – hier scheint das Erbe der Holocaust-Studien und der postmodernen Ethik durch.

Als Resultat der von ihm beschriebenen Individualisierung konstatiert Bauman einen Verlust an menschlichen Interaktionen, die Gelegenheiten geben könnten, sich als »moralische Parteien« zu entwickeln. So führe etwa die wachsende Unterstützung von Abtreibungen auf Verlangen zu einem »Holocaust neuen Stils« (Baumann 1996: 63): Die Zuschreibungen von Freiheiten werden *de jure* dazu genutzt, *de facto* über menschliches Leben als lebenswert bzw. nicht-lebenswert zu entscheiden bzw. entscheiden zu lassen. »Das Eigentum der Frau an ihrem Körper, [...] (und im Zuge des rasanten Fortschritts der Gentechnologie auch die Abneigung gegenüber bestimmten Eigenschaften des anderen Wesens, die besondere Fürsorge verlangen und somit die Wahlfreiheit einschränken oder Unannehmlichkeiten bereiten) betrachtet man als gute Gründe, um einem anderen menschlichen Wesen das Recht auf Leben zu verweigern.« (Bauman 1996: 63) Die Starken bestimmen auch in diesen symptomatischen Fällen, wie mit den Schwachen, mit den nicht Lebenswerten, umgegangen werden soll, um die Ordnung nicht zu gefährden – wobei allerdings die lokale Entscheidung vor Ort von den Einzelnen getroffen werden *muss*. Diese Herrschaftsausübung – der Zwang zur individuellen Entscheidung – erzeugt Kontrolle durch scheinbare Überantwortung von freiheitlichen Entscheidungen und verschleiert, dass zumindest das Stellen bestimmter Fragen – »Passt ein Kind in Deine (biographische, finanzielle, berufliche, partnerschaftliche etc.) Ordnung?« – den Herrschaftsverhältnissen geschuldet ist, weil nicht jeder die Möglichkeit bekommt, relevante Fragen stellen zu dürfen. Ähnlich wie Grenzwerte (vgl. Beck 2007: 55ff.) sind auch Diskurse und Wissen herrschaftsbezogen. Es sind einige wenige, die zu wissen meinen bzw. entscheiden dürfen, was für die Anderen »das Beste« und was problematisch ist, welche Interessen »dem öffentlichen Wohl« aus der Perspektive einer »unparteiischen Vernunft« dienlich sind und welche schädlich. Grausamkeit tarnt sich als Fürsorge (Bauman 1997: 261). Vor allem aber verschleiert der gesellschaftlich erzwungene Individualismus, dass mit der vorgeblich zunehmenden Freiheit des Einzelnen der Einfluss auf die Welt immer geringer wird – es entsteht »eine Welt, die uns ein Spiel aufzwingt, in dem wir angeblich ›freie‹ Akteure sind [...]. Je mehr Wahlfreiheit man uns zugesteht, desto weniger kommt es auf unsere Entscheidungen an und desto weniger können wir die Spielregeln bestimmen.« (Bauman 2007: 109) Der Einzelne soll nach seinem individuellen Glück suchen, während die für den Einzelnen unsichtbaren Mächte, die über die Bedingungen des glücklichen Lebens bestimmen, eine gewisse Nutzerfreundlichkeit anbieten, die vor allem auf Sicherheit als Angebot setzt, selbst wenn man dafür Einschnitte im Bereich der persönlichen Freiheit hinnehmen muss (ebd.: 118).

Beispielhaft wird dies etwa im Konsum deutlich. Nach Bauman (ebd.: 129ff.) zeichnet sich die Gegenwart gerade dadurch aus, dass die scheinbare individuelle Freiheit des Konsumierens verschleiert, dass die Unterscheidung von autonomem Subjekt und Ware mittlerweile miteinander verschmolzen ist. Überspitzt formuliert: Man muss zur Ware werden, wenn man Subjekt sein will, denn die Ware ist es, die dem Menschen zu einem individuellen Selbstbild, einer Identität verhilft. Individualität entsteht durch die scheinbar individuelle Kaufentscheidung – »Individualitätsfetischismus« nennt Bauman (ebd.: 134) dies. Verborgen bleiben dabei die herrschaftlichen Kräfte: »Als Käufer sind wir von Marketingmanagern und Werbetextern darauf getrimmt worden, die Rolle des Subjekts zu spielen.« (Ebd.: 135) Doch diese zugeschriebene Rolle des autonom entscheidenden Individuums ist eben nur eine Freiheit *de jure*, nicht *de facto*: »Wir sind nunmehr alle, durch sozial vermittelte und doch anonyme Dekrete, in der Lage des Barons von Münchhausen. Man erwartet von uns, dass wir uns alle an unserem eigenen Haar aus dem Sumpf ziehen; [...] ›Es liegt an Ihnen‹ bekommen wir täglich zu hören, doch die Dinge, die unser Leben und das Leben Anderer am entscheidendsten beeinflussen, liegen offensichtlich nicht ›an uns‹.« (Bauman 2000b: 211)

So wie die politischen Führer im Nationalsozialismus ein Interesse an der Ausübung möglichst perfekter Herrschaftstechnologien hatten, um den Massenmord an den Juden so instrumentell-rational wie möglich bewältigen zu können, so wie die Unternehmensvorstände ein Interesse daran haben, den leitenden Managern mehr Handlungsfreiheit zu überantworten, um im Gewinnfall kassieren und im Verlustfall Verantwortung abgeben zu können, so muss man auch in Bezug auf dieses »gesellschaftliche Lean Management« fragen, wo die Interessen möglicher Gewinner der eingesetzten Herrschaftstechnologien liegen. So fragt Foucault (2005: 233) etwa, weshalb es immer noch Gefängnisse gibt, obwohl diese sich als kontraproduktiv bezüglich der gewünschten Re-Sozialisation von Kriminellen erwiesen haben. Seine Antwort lautet, dass die Produktion von Kriminalität durch

Gefängnisse letztlich die Angst in der Bevölkerung vor Verbrechen schürt – und Angst ist eine Voraussetzung für die Akzeptanz von Kontrollsystemen. Mit Bauman müsste man fragen, wer heute ein Interesse daran hat, dass Individualität durch Konsum erzeugt werden kann. Wir können diesen von Bauman konstatierten Gegenwartszustand mit Foucault so beschreiben, dass maximale Freiheit nur erreicht werden kann, wenn die Machtspiele soweit wie möglich nicht zur Herrschaft erstarren. Über unsichtbare Herrschaftsverhältnisse – »Technologien der Individuen« (vgl. Foucault 1976: 288) – aufzuklären, ist eine genuine Aufgabe der Soziologie, denn: »Uns *aufmerksamer* zu machen, darin liegt der hauptsächliche Nutzen, den die Kunst des soziologischen Denkens anzubieten hat.« (Bauman 2000a: 28f.)

3. Unterleben in verführenden Disziplinar-Gesellschaften

Wenn wir die von Bauman beschriebene (Konsum-)Gesellschaft als eine Art »totale Institution« verstehen, dann können wir den Inszenierungscharakter dieses Individualisierungsarguments – zum einen die Inszenierung von Individualität durch den Akteur, zum anderen die Inszenierung von Individualität durch verborgene Herrschaft – zusammenbringen. Denn Goffman (1972) hat ja an dem Beispiel totaler Institutionen gezeigt, dass diese einerseits den Akteuren eine ganz bestimmte Individualität oktroyieren, eine solche nämlich, die kaum mehr individuelle Freiheiten zulässt. Anstalten und andere totale Institutionen sind für Goffman Orte im Sinne von »Treibhäusern, in denen unsere Gesellschaft versucht, den Charakter von Menschen zu verändern« (ebd.: 23). So wie die Gesellschaft heute die Einzelnen in ihrem Entscheidungshandeln, wie oben mit Bauman gezeigt, von jeglichen moralischen Interaktionen isoliert, so nutzen auch derartige Institutionen die Form der Isolierung, um den Einzelnen »programmieren« zu können (ebd.: 27). Der Unterschied liegt selbstverständlich darin, dass dies heute nur selten die Form der Demütigung annimmt und man auch nicht das Gefühl einer Ent-Individuationserfahrung hat. Die zugeschriebene Freiheit *de jure* wird ja als etwas Positives erfahren und das Herrschaftsverhältnis, das die Freiheit *de facto* behindert, verschleiert. Auf diese Weise können Verführung und Unsicherheit erst als Substitute von Zwang und Kontrolle wirken. Damit wird auch bei Goffman der von Foucault betonte Disziplinarcharakter sehr deutlich gemacht, der – auch das wird von Goffman hervorgehoben – *implizit* wirkt. Goffman (1972: 172f.) macht dies exemplarisch mit den von Durkheim herausgestellten »nicht-vertraglichen Grundlagen des Vertrags« klar. Nicht nur über die Vertragsinhalte einigen sich die Vertragspartner bei Vertragsabschluss, sondern generell auch über die Gültigkeit, Rechte und Pflichten von Verträgen, was wiederum auf einer bestimmten Anschauung des Anderen und sich selbst als (bei Durkheim: moralischer) Vertragspartner basiert. »Kurz: wer einen Vertrag abschließt, setzt auch voraus, dass er ein Mensch von bestimmtem Charakter und Wesen ist.« (Ebd.: 172). Derartige »implizite Selbst-Definitionen« kommen je nach Situation mit mehr (z.B. bei Freundschaften) oder weniger (z.B. beim Vertrag) Spielräumen vor. Im Gegensatz zu Foucault hat Goffman dann aber interessiert, wie die Akteure diesen Spielraum nutzen, während Foucault komplementär dazu eher analysiert hat, wie die impliziten Anschauungen, die den Spielraum definieren, durch wen in die Welt gesetzt werden. Diese »impliziten Images« beinhalten, wie auch Goffman (ebd.: 177) sieht, die Vorschrift, was »als gemeinsame Werte, als Anreiz oder als Strafe zu gelten hat«, womit gar »die Natur oder das soziale Sein des Teilnehmers« – etwa als autonomes Individuum in der Gesellschaft – eingeschlossen ist. Was Goffman (ebd.: 178) in Bezug auf Anstaltsinsassen und Hotelgäste formuliert hat, gilt auch für die Gesellschaft als Ganzes: »Die Tatsache, dass er diese [impliziten, verschleierten, TK/MH] Annahmen hinsichtlich seiner Person als vollkommen natürlich und akzeptabel ansieht, lehrt uns, warum Wissenschaftler diese selten erkennen, will aber nicht besagen, dass sie nicht existieren. Ein Hotel, das sich höflich aus nahezu allen Belangen des Gastes heraushält, und ein Gehirnwäsche-Lager, in dem die Auffassung herrscht, der Gast dürfe keinerlei private Angelegenheiten haben, gleichen sich in einer Hinsicht: In beiden gilt eine allgemein anerkannte Ansicht über den Gast, die für ihn bedeutsam ist und die zu akzeptieren man von ihm erwartet.«

Wenn aber die Goffman'schen totalen Institutionen und die von Foucault und Bauman beschriebene (postmoderne) Disziplinargesellschaft sich in diesem Punkt treffen, dann sollten die Akteure andererseits auch in der Gesellschaft immer mehr oder weniger in der Lage sein, ein »Unterleben« zu entwickeln und sich dennoch selbst zu inszenieren. Anders formuliert: Ob man die Identität eines Geisteskranken zugeschrieben bekommt oder die eines autonom handelnden und entscheidenden Individuums, beides sind soziale Anschauungen im Sinne »impliziter Images«, die die Möglichkeit der »sekundären Anpassung« enthalten – woraus wiederum Individualität generiert werden kann. So mag der Konsument der Prototyp des heutigen Sinnsuchers sein, der kein Bedürfnis befriedigen, sondern nur sein Begehren auf Dauer stellen kann: »Das Skript unserer Politik der Lebensführung orientiert sich an der Pragmatik des Einkaufsbummels.« (Bauman 2003: 90). Dieses Begehren wird nicht direkt reguliert, sondern die Unternehmen versuchen, Wunschphantasien zu wecken, zu einem bestimmten Begehren zu verführen – insofern mag man von einer perfiden Form der Herrschaft sprechen. Die gegenwärtige Gesellschaft nimmt ihre Mitglieder als Konsumenten in die Pflicht, ohne größere normative Verpflichtungen, ohne Restriktionen, ohne Konformitätszwänge, dafür aber dauerhaft verführt. »In der Konsumgesellschaft ist die Teilhabe an der Abhängigkeit des Konsumenten – an der *universellen* Abhängigkeit vom Kaufen – die *conditio sine qua non* jeder *individuellen* Freiheit und darüber hinaus auch der Freiheit, anders zu sein, als eine ›Identität zu haben‹.« (Bauman 2003: 101) Für Bauman (vgl. 2005) erzeugt dies eine Situation, in der sich diejenigen Akteure, die sich den unbegrenzten Konsum leisten können, eindeutig trennen von jenen, die das nicht können und zu den Ausgegrenzten zu zählen sind (Bude 2008). Für Letztere bleibt als Kontrollmechanismus die Repression durch das Panoptikum, während für Erstere das Synoptikum einsetzbar wird (Junge 2006: 35), eine Kontrollform, in der man selbst wählen kann, welcher Verführung (welchem Produkt, welchem »Star« usw.) man sich unterwirft.

Wenig untersucht bleibt dabei, inwiefern die Konsumenten ein Unterleben entwickeln können, das sich den beschriebenen Konsum-Abhängigkeiten im Synoptikum entgegenstellt. Z.B. gibt es

Akteure, die sich zwar nicht dem Konsum gänzlich verschließen, aber selektiv bestimmte Produkte *nicht* kaufen, um sich nicht in neue Abhängigkeiten zu begeben. Man verweigert dann z.B. den Kauf eines Fernsehgerätes, weil man weiß, dass ein solches Gerät nur die Chance bietet, überflüssige Zeit zu vernichten (Luhmann 1996) – die Kauf-Verweigerung kann dann dazu beitragen, nutzbare Zeit zu gewinnen. Auch mit Identitätsvorbildern, etwa aus der Unterhaltungsbranche, kann man so umgehen: Anpassung an diese muss nicht nur Unterwerfung, sondern kann ebenfalls Ausgestaltung bedeuten, beispielsweise durch ironische Distanz zu sich selbst oder einfach durch Zynismus (Sloterdijk 1983).

Wir können aus Platzgründen ein solches Unterleben nicht detailliert beschreiben, erkennen aber, dass insgesamt die gesellschaftliche Inszenierung des Individuums und die Selbstinszenierung des Individuums komplementäre Perspektiven sind. Sie beschreiben beide Individualisierungsvorgänge mittels des Prozesses des Raus und Rein. Man könnte nun weiter nach dem gegenwärtigen Mischungsverhältnis zwischen diesen Perspektiven fragen. Können wir, anders gefragt, bezogen auf Individualisierung allgemeine Argumente darüber finden, wie sich die gesellschaftliche Entwicklung inklusive ihrer Macht- und Herrschaftsverhältnisse im Verhältnis zu den Persönlichkeitsstrukturen ausgebildet hat?

V. Das »zivilisierte« Individuum bei Elias und Duerr

Eine Möglichkeit, den Zusammenhang von gesellschaftlicher Entwicklung und dem damit einhergehenden Wandel von Persönlichkeitsstrukturen zu analysieren, bietet die »Zivilisationstheorie« von Norbert Elias.

1. Individualisierung durch Zivilisierung (Norbert Elias)

Elias' Ansicht nach können verschiedene soziale Entwicklungen (z.B. soziale Differenzierung), die auch Veränderungen der Herrschaftszustände umfassen (z.B. Staatenbildung), als Elemente eines Zivilisationsprozesses gesehen werden. Der Untertitel seines Hauptwerkes heißt deshalb »Soziogenese und Psychogenese«, weil der Zivilisationsprozess gemäß seiner Untersuchung sowohl Persönlichkeits- als auch soziale Strukturen involviert. Und innerhalb dieses gesellschaftlichen Ablaufs geschieht Individualitätsrelevantes – auf den ersten Blick durch Zivilisierung.

Möglich wird Zivilisierung durch soziale Differenzierung, die Elias als Arbeitsteilung deutet. Man geht folglich von einer Verlängerung der Abhängigkeits- und Wirkungsketten aus, die wiederum zur Notwendigkeit führt, sich gegenüber anderen Akteuren, mit denen man es notwendigerweise zu tun bekommt, ein kontrolliertes und berechenbares Verhalten anzueignen: Triebe, Affekte und Leidenschaften müssen bis zur Bewusstlosigkeit gezügelt und die Wirkungen der eigenen Handlungen sowie die der anderen Akteure mitbedacht werden. »Was sich auf der einen Seite als Prozess der zunehmenden Individualisierung darstellt, ist auf der anderen zugleich auch ein Prozess der Zivilisation.« (Elias 1988: 167f.; vgl. Kippele 1998: 131ff.)

Derartige »Zivilisierung« stellt Elias an vielen Beispielen fest, etwa anhand der Tischsitten, worauf bereits Simmel (2008) hingewiesen hat, wenn er eine »Individualisierung durch Besteck-Nutzung« konstatiert: Das Aneignen einer bestimmten Technik des Essens mit Messer und Gabel zeigt eine höchst qualitative individuelle Eleganz an. Quantitativ drückt sich das Individualisierungsprinzip dagegen darin aus, dass nun jeder seinen eigenen Teller hat und man nicht mehr aus einer gemeinsamen Schüssel isst, was eher dem Trogverhalten von Tieren gleicht. Als weitere Beispiele nennt Elias die Verlagerung weiterer körperlicher Verrichtungen in die Privatsphäre (Waschen, Toilettengang, Schlafen) oder die zunehmende Trennung von Öffentlichkeit und Intimsphäre. Dies alles geschieht, bis es zu einer unhinterfragten Gewohnheit geworden ist – was darauf verweist, dass Individualisierung von den betroffenen Akteuren kollektiv unbeachtet, hinter deren Rücken, wirken kann.

Bei der zunehmenden Individualisierung durch Zivilisierung spielt die wechselseitige Beobachtung des Handelns – die Wahrnehmung des eigenen und des jeweils anderen Handelns – eine wichtige Rolle, da so eine größere Bewusstheit bzw. Empfindsamkeit für zivilisiertes Verhalten durch zunehmende Beobachtungskonstellationen entsteht. Anders formuliert: Das zunehmend zivilisierte Verhalten wird sozial immer mehr erwartet und erwartbar. Ähnlich wie Parsons anerkennt Elias den Sozialisationsprozess als wichtige Phase der Internalisierung zivilisatorischer Elemente, mit dem Ergebnis, dass das Individuum sich auch unbeobachtet an die zivilisatorischen Regeln hält. Die Selbstkontrollapparatur wird zu einem Teil der Persönlichkeit, wobei die Familie zum gesellschaftlichen Exekutionsorgan generiert, wenn von klein auf Ge- und Verbote angezüchtet und die Eltern als Exekutoren charakterisiert werden, die das Kind auf gesellschaftliche Standards hin konditionieren. Insgesamt erkennt man deutlich eine Determination des individuellen Habitus in Richtung Kalkulierbarkeit und Berechenbarkeit.

Individualisierung im Zivilisationsprozess bedeutet für Elias einen Zwang zur Freiheit: Die Individuen »haben einen größeren Spielraum der Wahl. Sie können in weit höherem Maße für sich selbst entscheiden. Aber sie *müssen* auch in weit höherem Maße für sich selbst entscheiden. Sie *können* nicht nur, sie *müssen* auch in höherem Maße selbständig werden. In dieser Hinsicht haben sie keine Wahl.« (Elias 1988: 167) Externer Zwang, basierend auf unterschiedlicher Ressourcenverteilung (z.B. von Macht), wird im Laufe des zivilisatorischen Prozesses in einen internen Zwang der Individuen transformiert, in einen »nach innen verlegten Kriegsschauplatz«, auf dem sich die »friedlichen Zwänge, die seine Beziehungen zu Anderen auf ihn ausüben«, im Individuum abbilden und sich eine »eigentümliche Gewohnheitsapparatur« im Individuum verfestigt, »ein spezifisches ›Über-Ich‹, das beständig seine Affekte im Sinne des gesellschaftlichen Aufbaus zu regeln, umzuformen oder zu unterdrücken trachtet« (Elias 1976, Bd. 2: 330).[17]

Für Elias nimmt die Oberschicht im Zivilisationsprozess prinzipiell eine Vorreiterstellung bei der Herausbildung feiner Sitten und Gebräuche ein, die sich durch Imitation »nach unten« verbreiten. Trotzdem ist aber eine immer weitergehende Angleichung unverkennbar, d.h. immer mehr lösen sich Klassen-, Stand- und Schichtunterschiede auf. Man kann sagen, dass der Zivilisationsprozess von einem langfristigen Nivellierungsprozess begleitet wird – »oben« und »unten« treffen sich zunehmend in der Mitte. Das bedeutet auch, dass die unteren Schichten ebenfalls ihr Verhalten aus Einsicht in die Handlungsketten der arbeitsteiligen Gesellschaft kontrollieren. Einerseits werden die Individuen also typisierbar, da sie sich alle der Arbeitsteilung entsprechend selbst disziplinierend anpassen (müssen); andererseits sind sie individueller in der Ausgestaltung dieser Anpassung, weil diese nun weniger durch den gesellschaftlichen Status vorgeschrieben ist. Die »Wir-Identität«, die vorrangig soziale Unterschiede markiert, weicht dem höheren Stellenwert der »Ich-Identität«.

Insgesamt kann man feststellen, dass diese Art der Individualisierung bedeutet, dass der Einzelne seine vielfältigen Fähigkeiten wie einen Bonsai beschneiden muss: Es erhöht sich die Zahl derjenigen Dinge, die er machen könnte, aber nicht macht – es gibt immer viele Optionen, die man verpasst. Die unteren Schichten früherer Zeiten hatten wenige Möglichkeiten, weil das harte Leben das, was zu tun war, weitestgehend vorgeschrieben hat. Nun gleicht man sich mehr der Oberschicht an, kann (theoretisch) mehr Optionen wahrnehmen, verpasst dadurch aber auch mehr Möglichkeiten, die früher gar nicht erst am Horizont möglicher Handlungen auftauchten. Kurz: Mehr Wahlfreiheit, mehr Risiken! Dieser Slogan ist die Folge der wachsenden Arbeitsteilung: Die gegenseitige Verflechtung lässt die Menschen abhängiger voneinander werden, was einen Wandel ihres »Affekthaushalts« in Richtung Triebverzicht erzwingt.

Elias' Analyse hat einige Kritiken hervorgebracht. So wurde schon früh bemängelt, dass er das Mittelalter als Vergleichspunkt herangezogen hat. Dieses gilt aber vielen als zivilisatorischer Rückfall, gemessen an vormittelalterlichen Zeiten, z.B. wenn man bedenkt, dass es in Mesopotamien bereits eine Kanalisation gab. Wenn man einen solchen »barbarischen« Ausgangspunkt wählt, so die Kritik, müsse das Nachfolgende zwangsläufig als zivilisiert erscheinen.

2. Individualisierung durch Barbarisierung (Hans-Peter Duerr)

Die elaborierteste Kritik an Elias' These der zunehmenden Zivilisation stammt von Hans-Peter Duerr (1988, 1990, 1993, 1997, 2002). Seine Gegenthese lautet: Die Menschen waren früher in den engen Gemeinschaften viel mehr verflochten, was dazu führte, dass es eine *größere* Kontrolle über die ganze Person gab. Heute dagegen gibt es *weniger direkte* soziale Kontrolle, sondern diese wirkt eher abstrakt. »Synthetische Kontrollinstanzen« ersetzen etwa die familiären Bindungen, so dass Normen weniger verinnerlicht werden: »Die moderne Gesellschaft unterscheidet sich von ›der Welt, die wir verloren haben‹, in erster Linie dadurch, dass in ihr die unpersönlichen Beziehungen zwischen den Menschen die Vorherrschaft über die persönlichen errungen haben« (Duerr 1997: 13) – exemplarisch etwa in der Marktgesellschaft. Duerr sieht dadurch ein Mehr an Freiheiten für das Handeln gegeben, so dass man eine Individualisierung gerade nicht in der Zivilisierung, sondern im Gegenteil in der Senkung von Scham- und Peinlichkeitsschwellen im Rahmen nachlassender sozialer Kontrolle ausmachen kann – überspitzt formuliert: durch »Barbarisierung«.

Die von Elias konstatierten längeren Abhängigkeitsketten deutet Duerr (ebd.: 15) als *Ent*flechtung und nicht als *Ver*flechtung, zumindest wenn man dies aus der Perspektive der Individuen selbst betrachtet. Mit Durkheim erkennt er, dass die zunehmende

Arbeitsteilung kein autonom-moralisches Verhalten hervorbringt und auch keine Empathie oder wechselseitige Identifikation, sondern dass man sich gegenüber den Menschen, mit denen man sich nicht verbunden fühlt, weniger Restriktionen auferlegt. Hier sympathisiert Duerr mit der Moralkonzeption von Bauman (siehe Kapitel IV), der gerade in der durch Arbeitsteilung und Rationalisierung zunehmenden Distanz in der modernen Gesellschaft eine Ursache sieht, dass kaum mehr »moralische Parteien« entstehen können. Und in ähnlicher Weise, wie in Duerrs Perspektive die moderne Gesellschaft bei Elias als normativ überdeterminiert gezeichnet wird, so scheinen vormoderne Gesellschaften normativ unterspezifiziert.

Duerrs Kritik ist also zweigeteilt: Zum einen behauptet er, dass man nicht davon sprechen könne, dass das Mittelalter nicht zivilisiert gewesen sei, und zum anderen zeichnet er die Gegenwart als wesentlich nicht-zivilisiert. Eines der vielen von ihm genannten Beispiele für die These, dass im Mittelalter nicht »die Wilden« herrschten, ist das der mittelalterlichen Badestuben. Bereits die Pariser Badeordnung von 1268 zielt deutlich auf eine räumliche Trennung von Männern und Frauen ab, vor dem Hintergrund, dass manchmal Männer dort übernachteten, die die Frauen erschreckt haben. In eine ähnliche Richtung wirkt die Flensburger Verordnung von 1295, die vorsah, Badehäuser tageweise für Frauen und Männer zu öffnen. In vielen zeitgenössischen Darstellungen von Nacktheit, etwa in Szenen von Frauen-Badehäusern, werden zudem Voyeure sichtbar, die nach Duerr das Nicht-Selbstverständliche des Beobachtens von Nacktheit symbolisieren (vgl. etwa Duerr 1988: 42). An diesen und vielen anderen Beispielen ist die Trennung zwischen ehrbaren Badehäusern und solchen, die eher der sexuellen Befriedigung dienen, auch schon im Mittelalter deutlich sichtbar. Man erkennt überhaupt, dass es schon immer eine geschätzte Privatheit von Räumen gegeben hat.

Für unseren Zusammenhang der Individualisierung ist die zweite Kritiklinie von Duerr interessanter, nach der man für die Gegenwart gar eine »*Individualisierung durch Barbarisierung*« attestieren könnte. Bevor wir darauf näher eingehen können, müssen wir die Frage beantworten, wie es zur nachlassenden direkten sozialen Kontrolle kommen konnte, Duerrs 1990: 20ff., 2002:

106ff. Antwort hierauf ist, dass man es gegenwärtig vor allem in den Städten immer mehr mit fremden Menschen zu tun hat, mit Leuten, die man einmal und dann nie wieder sieht. Die sozialen Interaktionen sind von hoher Fluktuation geprägt. Unter diesen Bedingungen ist eine direkte soziale Kontrolle einzelner Personen schwieriger zu bewerkstelligen.

Nachlassende öffentliche Kontrolle bedeutet nicht, dass keine bestimmten Ausprägungen des Verhaltens beobachtbar wären. Nur handelt es sich dabei eben um sozialstrukturell und kulturell geprägte Trends und nicht um *evolutionär* bestimmte Entwicklungen. Z.B. setzt sich irgendwie ein Trend fort, Nacktheit in geschlossenen, privaten Räumen zunehmend als anzüglich zu betrachten (oder: zu erotisieren), während öffentliche Nacktheit möglicher wird, weil diese weniger mit intimen Handlungen assoziiert wird. Duerr nennt als Beispiele das Waschen von Arbeitern am Arbeitsplatz oder das Nacktbaden im Meer. Dass damit aber keine entwicklungsgeschichtliche Zwangsläufigkeit verbunden ist, erkennt man schon an den Rückwärtsbewegungen, die sich im Nacktbaden einstellten. So bevorzugte man zeitweise Stoffanzüge, weil sich im dünnen Badetrikot besonders der Damen deren Körperformen und speziell die Brustwarzen zu deutlich abzeichneten, was als unanständig galt.

Der Vergleich zu heutigen Bademoden zeigt, dass es sich auch dabei nur um eine vorübergehende Phase gehandelt hat. Dass spezielle Badekleidung heute zwar auch noch verwendet wird, aber kaum mehr der Verhüllung dienen soll, zeigen beliebige aktuelle Katalogprodukte. Während etwa der String-Tanga – auch als Bademode – in den 1990er Jahren zum Durchbruch gelangte, zunächst Dank des Vorteils, dass er sich unter enger, dünner oder heller Bekleidung im Gegensatz zu herkömmlichen Slips nicht sichtbar abzeichnet, geht der so genannte »Microkini« noch weiter. Diese äußerst knapp geschnittene Form des Bikinis besteht aus zwei Teilen: Die Hose bedeckt knapp die Schamlippen, im Gegensatz zum Bikini bleibt der Venushügel frei oder wird nur teilweise verhüllt. Ebenso bedeckt das Oberteil meist nur die Brustwarzen. Die Entwicklung des Microkini kann als Reaktion auf das Verbot des Nudismus in den USA in den frühen 1970er Jahren gedeutet werden, als sicherlich provokant gemeinter Versuch, die Badeanzüge an die neuen Gesetze anzupassen und dabei in ironischer Weise darauf zu verweisen, dass man zur Verdeckung von intimen Körperzonen und somit zur Vermeidung einer Erregung öffentlichen Ärgernisses bereit ist.

Wenn die Damen sich überhaupt schämen, in der Öffentlichkeit ihre Genitalien zu zeigen, dann hat dies nach Duerrs »Theorie der Körperscham« (1990: 256ff.) einen besonderen Grund. Zunächst zeigen Vergleiche mit dem Tierreich, dass weibliche Genitalscham bedeutet, mit Einladungen zum Sexualverkehr hauszuhalten, also sexuelle Reize nicht wahllos an mögliche Partner zu senden. Aber warum macht frau das? Zum einen hilft diese Zurückhaltung, sexuelle Rivalitäten unter männlichen Kontrahenten zu minimieren, was der Integration einer sozialen Gruppe langfristig förderlicher sein dürfte als sexuelle Dauerkonkurrenz. Zum anderen werden so Partnerbeziehungen begünstigt, d.h. es gibt höhere Überlebenschancen für Nachkommen, in die man schließlich viel investiert. Wenn dies stimmt, dann sind es zumindest nicht ausschließlich die überwiegend von Männern dominierten Machtverhältnisse, die das weibliche Schamverhalten fordern.

Die heute beobachtbare generelle Senkung der Schamgrenze ist laut Duerr vor allem dem Konsum geschuldet. Denn eine Konsumhaltung, die sich tendenziell alles unterwirft – also auch in die intimsten Winkel eindringt –, führt in vielen westlichen Gesellschaften zu einer Senkung der Schamschranken, weil die »Konsum*ideologie* alle jene Auffassungen und Ideologien bekämpfen muss, die den Triebverzicht und Restriktion oder Privatisierung sexueller Stimulierung gutheißen« (ebd.: 260).[18]

Duerr (2002: 82) selbst verweist zur Plausibilisierung seines generellen Zweifels an der These, dass wir es in der Gegenwartsgesellschaft mit einem weitreichenden Triebverzicht zu tun haben, auf eine US-amerikanische Untersuchung, nach der 30 Prozent der männlichen Amerikaner bereit wären, eine Frau zu vergewaltigen, wenn sie nicht gefasst würden (Zahlen zur Vergewaltigungsbereitschaft von Frauen werden nicht genannt). Auch die Plünderungen in Los Angeles im März 1992 oder Live-Übertragungen von Hinrichtungen zeugen nach Duerrs Ansicht nicht von einem generellen Triebverzicht.

Allerdings ist zu bedenken, dass das Verhältnis von Trieb und Schamlosigkeit unter den Vorzeichen des Konsumismus auch anders gedacht werden kann: »*Sex sells*, weiß die Werbung. Und in der Tat erscheint Eros heute als Angestellter der Konsumgüterindustrie. Doch ist das ein Grund für Kulturkritik? ›What is wrong with hedonism, so long as people turn up for work on time, obey traffic signals, recycle beer cans, and do not abuse the welfare and dignity of others?‹« (Bolz 2002: 138) Dass im Lichte des Konsumismus à la Bolz nicht alles schwarz gemalt werden muss, sondern Konsum im Gegenteil eine friedliche Weltordnung bedingen kann, wird noch im siebten Kapitel zu zeigen sein.

Auch Sloterdijk (2004a: 626ff.) findet architektonische Hinweise auf eine Re-Barbarisierung. Die zeitgenössisch populären Stadien, die viele Zehntausende von Zuschauern fassen, seien in ihrer Art und Nutzung eher mit den Römischen Spielen vergleichbar – derartige »Kollektoren« bilden zentralisierende gegenläufige Entwicklungen zur »zivilisierten« Ausdifferenzierung von sozialen Systemen, idealtypisch etwa bei den Olympischen Spielen, der Russischen Revolution und im Faschismus als »Großinterieurs für präsente und mobilisierte Mengen [entwickelt], um deren Ansprechbarkeit durch inszenierte Mittelpunkt-Illusionen zu bewirtschaften« (ebd.: 628). In den Mega-Stadien wird eine »Simultanerregung« erzeugt, die massenmedial verbreitet und verstärkt »ins nahezu Universelle« reicht, man denke nur an die Begräbnisfeier für die am 31.08.1997 verstorbene Princess of Wales, Lady Diana, oder die Live-Übertragungen vom Einsturz der Twin Towers in New York am 11.09.2001 (ebd.: 644f.).

Neu ist gegenwärtig vor allem, dass derartige sich an einer Eventkultur orientierende Massenveranstaltungen nicht mit über die Veranstaltung hinausgehenden Interpretationen belastet werden. Sie nehmen nicht nur mit Menschen bevölkerte Innenräume *ohne* dauernde Bindungen vorweg, sondern geben z.B. in Fußballstadien Männern, die ihrem anthropologischen Design gemäß an Jagdpartien teilnehmen sollen, die Gelegenheit, dem Ball nachzujagen. Dass dies im Ganzen »barbarisch« ist, erkennt man nicht nur an den jeden Samstag in der Bundesliga oder auch bei Weltmeisterschaften beobachtbaren Ausschreitungen der »Fans«

– man erinnere sich nur an die Jagd deutscher Hooligans auf französische Ordnungskräfte in Lens 1998, bei denen der Mobilgendarm und zweifache Vater Daniel Nivel lebensgefährlich verletzt wurde. Der Fußball selbst kann derart barbarisch gedeutet werden: »Es ist wirklich obszön, was man da zu sehen bekommt. Eine Pornodarstellerin müsste sich genieren, verglichen mit diesen seltsamen Torschützenorgasmen, die vor zahlendem Publikum zum Besten gegeben werden. Aber: Sobald man auf diesen Mord am inneren Jäger verzichtet und die alten Jagdgefühle zulässt, spürt man sofort, was auf dem Rasen verhandelt wird. Da wird nämlich das älteste Erfolgsgefühl der Menschheit reinszeniert: mit einem ballistischen Objekt ein Jagdgut zu treffen, das mit allen Mitteln versucht, sich zu schützen. [...] Die Samstagsunterhaltung und der Wille zum Krieg sind psychologische Verwandte.« (Sloterdijk 2006)

Ziel der Darstellung der These vom Zivilisationsprozess von Elias und der Kritik von Duerr ist nicht die Überprüfung ihres wechselseitigen Ausschlusses. Vielmehr kann man bezüglich der hier interessierenden Individualisierungsvorgänge ein gemeinsames Argument, einen *gemeinsamen* Kern der Überlegungen von Elias und Duerr herausstellen: Die zunehmende Arbeitsteilung bringt vermehrt Freiheiten für die Individuen mit sich, mehr Gelegenheiten zur Herausstellung des Besonderen in Bezug auf sich selbst. Dies kann *sowohl* durch Zivilisierung *als auch* durch Barbarisierung geschehen, denn auch wer sich besonders »wild« gibt, individualisiert sich. Man könnte an dieser Stelle so weit gehen und sagen, dass gegenwärtig oftmals gerade die Abwendung von zivilisatorischem Verhalten als Mittel benutzt wird, um sich zu individualisieren – und dies nicht im Sinne einer Abgrenzung von einer speziellen sozialen Gruppe, sondern im Sinne der abnehmenden Distanznahme zu allen Akteuren, gemäß Elias' Vorstellung der Nivellierung.

Wir nennen hier nur mehr oder weniger zufällig eine Reihe von Personen, die insofern für eine »barbarische Individualisierungsavantgarde« stehen, als dass sie gerade mit ihrem »barbarischen« Verhalten viel massenmediale Aufmerksamkeit und Prominenz erlangt haben. Wir denken etwa an die »Hotel-Erbin« Paris Hilton, Enkelin des Hotelgründers Conrad Hilton, die nicht nur in der Werbung ihren Körper mit Fleischgenuss in Verbindung bringt. Die »Barbarisierung« ihres Wirkens wurde 2003 insofern deutlich, als sich die mehrfache Millionärin als Hauptdarstellerin der Serie »The simple life« eine Zeitlang bei der Erfahrung filmen ließ, einen einfachen Alltag jenseits des für sie üblichen Luxus auf einer Farm zu leben. Offensichtlich war diese Form der öffentlichen Ent-Zivilisierung (hier als Ent-Luxurisierung inszeniert) nicht reizvoll genug, denn die anfangs schlechten Einschaltquoten verbesserten sich erst dann, als im Internet ein privates Sex-Video von Hilton auftauchte, das später unter dem Titel »One Night in Paris« veröffentlicht wurde und den AVN-Award (der US-Erotikbranche) verliehen bekam. Eine gezielte Ent-Zivilisierung, dies wird bei Paris Hilton deutlich, ist für eine erfolgreiche Selbstvermarktung mindestens förderlich. Zudem erfährt der Zuschauer, dass das Luxusweibchen ebenso aus Fleisch ist wie man selbst – dafür aber offenbar weniger alltagstauglich – gemessen am durchschnittlichen Zuschaueralltag.

Nun kann man Paris Hilton zugute halten, dass diese sich eben als Künstlerin geschickt selbst inszeniert, so dass die Medien kaum anders können, als an diese Inszenierung anzuschließen, sofern manche unter »Nachrichtenwert« den Wert der Nachricht, gemessen z.B. an Einschaltquoten, verstehen. Anders formuliert: Paris Hilton *besitzt* künstlerische Fähigkeiten, verpackt diese künstlerisch-künstliche Gestaltung ihrer Person lediglich weniger zivilisiert, als es ihr wohl möglich wäre, weil sie auf diese Weise mehr verkaufen kann. Man könnte dies als eine Art »mediales Unterleben« im Sinne Goffmans deuten (vgl. Kapitel IV).

Ein solches Argument wird man bei Armin Meiwes zumindest in erster Instanz kaum anwenden können.[19] Zwar wird an seiner Geschichte ebenso deutlich, dass es die Medien sind, die aus Gründen höherer Verkaufszahlen absolut private Geschichten selektiv überhöhen und dabei gerne auf »barbarische Elemente« zurückgreifen, allerdings handelt es sich hierbei nicht wie bei Paris Hilton um eine für die Öffentlichkeit gespielte Ent-Zivilisierung, sondern zunächst um eine rein private Inszenierung. Meiwes wurde bekannt als »Kannibale von Rotenburg«, der einem anderen Mann der gemeinsamen Absprache gemäß einen Teil des

Penis abtrennte und mit ihm gemeinsam verspeiste – zweifelsohne ein Akt unerwünschter Triebkontrolle. Auch die darauffolgende Tötung des Mannes war vorher abgesprochen. Offensichtlich nutzt nun auch Meiwes das mediale Interesse an dieser Tat zur Selbstdarstellung. Nachdem er noch 2006 wegen Verletzung seiner Persönlichkeitsrechte gegen den Horrorfilm »Rohtenburg (Butterfly, a Grimm Love Story)« erfolgreich gerichtlich vorgegangen war, beteiligte er sich später an der Aufarbeitung seiner Geschichte in Form von Interviews und nun auch der filmischen Bearbeitung. Dass ihn sein kannibalischer Akt als Individuum sichtbarer gemacht hat, zeigt sich auch daran, dass er 2007 nach Angaben der BILD-Zeitung angeblich bei der kriminalistischen Analyse zweier Kannibalenmordfälle von 1998 und 2000 zu Rate gezogen wurde – eine Ehre, die ihm ansonsten wohl kaum zuteil geworden wäre.

Interessant ist an diesen Fällen, dass im Zuge der zunehmenden kommunikativen Durchdringung der Gesellschaft (Münch 1991, 1995) die »Barbarisierung« ein Thema zu sein scheint, bei dem sich mediale Eigenlogik und die Herausstellung persönlicher Individualität wechselseitig verstärken. Der gesellschaftlichen Entwicklung kann eine Tendenz zur »Individualisierung durch Barbarisierung« attestiert werden. Mit anderen Worten: Es geht nicht um eine Kritik an den Medien, die – wenig investigativ – ihrer systemischen Eigenlogik folgen, wenn sie auf derartig mehr oder weniger »barbarische« Ereignisse quasi reflexhaft reagieren und darüber berichten. Als Indiz für eine Barbarisierung könnte man eher sehen, dass tatsächlich viele Menschen diese Art der individualitätspräsentierenden Selbstdarstellung freiwillig beobachten. Man wird kaum vermuten, dass diese Menschen ein genuines Interesse daran haben, ob Paris Hilton in einem Schweinestall zurecht kommt oder ob jemand sein sexuelles Interesse durch Verspeisung des eigenen Körpers befriedigt. Das Interesse gilt vielmehr der Ungeheuerlichkeit im Vergleich zum Gegebenen, die »barbarische« Abweichung vom Status des Normalen macht den Reiz aus. Abweichung meint dabei eine ganz bestimmte Form: Nicht die zwar übertriebene, aber gesellschaftliche Erwartungen und Wertungen kränkende Überhöhung des Normalen, wie z.B. mehr Luxus von Millionären (eine Villa mit vielen Zimmern) oder mehr Liebesaffären von sexuell besonders aktiven Akteuren ist gemeint. Sondern Abweichung meint hier die negative Verletzung des als normal Betrachteten. Mit dieser Verletzung des als normal Betrachteten kann man Individualität generieren – denn Du bist, was Du isst –, und an dieser Art der Individualitätsgenerierung wird massenhaft partizipiert. Möglicherweise wirkt diese beobachtende Teilnahme an derartigen Individualitätsproduktionen zusätzlich entlastend, nach dem Motto: Andere Einzelne sind noch schlimmer dran! Man selbst kann wenigstens leben, ohne beschimpft, beim Sex gefilmt oder verspeist zu werden. Insofern singen die durch Barbarisierung erzeugten Individualisierungsbestrebungen alle ein implizites, aber lautes Hohelied der Normalität – auch die barbarischen Ausnahmen bestätigen die Regel.

Auch an diesem Argumentationsgang wird der Grundprozess des Raus und Rein deutlich: Die Akteure werden durch sozialstrukturelle Veränderungen aus ihren zivilisierten bzw. barbarisierten Kontexten entlassen und in neue barbarisierte bzw. zivilisierte Kontexte eingebettet. Elias und Duerr behaupten zwar unterschiedliche Entwicklungsrichtungen zwischen den Polen Barbarei und Zivilisation, aber der Grundprozess des Raus und Rein ist bei beiden derselbe. Gemeint ist hier aber nicht der üblicherweise in einem kulturkritischen Duktus vorgetragene Zusammenhang der zur mangelnden Impuls- und Triebhemmung führenden Individualisierung, sondern die Nutzung von Devianz zur Generierung von Individualität.

Nun scheint diese Betrachtung des Zusammenhangs gesellschaftlicher und persönlicher Entwicklung mittels des Kontinuums zivilisiert/barbarisch ziemlich speziell. Kann man diesen Zusammenhang noch weiter generalisieren? Kann man allgemeiner herauszustellen, wie sich die Gesellschaft und zugleich die Akteure in ihrem Handeln und ihrer Identitätsbehauptung wandeln?

VI. Das inkrementalistische Individuum in der Systemtheorie und der Akteurtheorie nach Schimank

Wir fragen nun weniger spezifisch nach Zivilisierung und Affektkontrolle, sondern nach welchem analytisch beschreibbaren Muster die Akteure welche Art von Entscheidungshandeln produzieren müssen und von welchen gesellschaftlichen Randbedingungen dies abhängt. Mit diesen Fragen bekommen wir letztlich einen Individualisierungstyp in den Blick, welcher anhand einer gesellschaftstheoretischen Perspektive vor allem mehr Gewicht auf die Entscheidungsmodi von Akteuren unter zeitgenössischen Bedingungen legt. Individualisierung bedeutet dann: raus aus sozialen Bedingungen, die rationales Entscheiden erlauben, und rein in gesellschaftliche Kontexte, die zum *Inkrementalismus* auffordern. Als wesentliches Merkmal der gesellschaftlichen Kontextbedingungen wird dabei besonders in der soziologischen Systemtheorie die *funktionale Differenzierung*, die evolutionär entstandene Einteilung in gleichrangige, nach unterschiedlichen Eigenlogiken operierende Sozialsysteme, betrachtet (vgl. Luhmann 1997: 743ff.). Diese gesellschaftliche Anordnung hat Konsequenzen für die Chancen des (mehr oder weniger) rationalen Entscheidungshandelns sowie für die Möglichkeiten zur Individualitätsgenerierung.

1. Individualisierung in der funktional differenzierten Gesellschaft

Dass zwischen den gesellschaftlichen Bedingungen und den Möglichkeiten, Individualität zu erzeugen, ein wechselseitiges Steigerungsverhältnis besteht, haben bereits die Klassiker der Soziologie erkannt, etwa Durkheim mit der Aussage, dass die individuelle und soziale Differenzierung dazu führe, dass »das Individuum, obwohl es immer autonomer wird, immer mehr von der Gesellschaft abhängt« (Durkheim 1988: 82). Mit dieser Denkfigur wird es aber immer schwieriger, das Allgemeine, die Gesellschaft, mit der Individualität sozialer Akteure zusammen zu denken, wenn man an den Punkt gelangt, dass gerade die Individualität der Akteure das Allgemeine bedingen soll.

Systemtheoretisch wird allerdings nicht nur die funktionale Differenzierung der Gesellschaft sichtbar, sondern auch, dass die Individualität psychischer Systeme eigentlich kein gradueller und damit durch soziale Bedingungen steigerbarer Zustand ist (Nassehi 2003: 95ff.). Zumindest formal kann man sagen, dass soziale und psychische Systeme operativ getrennt sind – und gerade weil Bewusstseine füreinander undurchsichtig sind und man die Gedanken der Anderen nicht selbst denken kann, muss man, der pragmatistischen Anschauung Meads folgend, versuchen, die Perspektive der Anderen zu übernehmen (vgl. Kapitel I/2). Kommunikation ist so gesehen eine notwendige Folge radikal undurchsichtiger Gedankenträger, die aufeinander treffen – oder anders formuliert: Die Individualität der Gedankenträger ermöglicht Kommunikation.

Folglich wird das Individuum *formal* auch nicht durch Inklusion in das Soziale definiert, sondern durch Exklusion aus dem Sozialen. Der Grundgedanke dieser merkwürdig klingenden Argumentation ist einfach: Wenn das Soziale *per definitionem* ausschließlich aus Kommunikationen besteht und nicht aus »menschlichen Attributen«, welche immer das sein mögen (Gedanken, Handlungen) – womit noch nichts über die wechselseitige Angewiesenheit ausgesagt ist –, dann kann ja die Individualität von Akteuren nicht im Sozialen stecken. Sie muss außerhalb des Sozialen angesiedelt werden. Dies ist rein formal zu sehen, basierend letztlich auf der von Luhmann adaptierten mathematischen Formtheorie Spencer-Browns (1997). Deutlich wird damit, dass Individualität heute gesellschaftlich unterbestimmt ist (vgl. Nassehi/Nollman 1997: 297).

Mit dem gesellschaftlichen Übergang zum Primat der funktionalen Differenzierung wird Individualität nicht durch rollenzentrierte Integration *in* soziale Systeme erzeugt, sondern, wie gesagt, durch *E*xklusionsindividualität. Unter Bedingungen funktionaler Differenzierung greifen die sozialen Systeme nur auf Teilaspekte des Akteurs zu – seine Zahlungsfähigkeit beispielsweise, seine Religiosität oder seinen Wissensdurst usw. –, die Individualität des Akteurs muss sich aber jenseits dieser spezifischen Zugriffe erweisen. Dies bedeutet nicht, dass sich die Individuen komplett außerhalb der Gesellschaft befinden. Vielmehr werden sie von den Systemen als individuell adressiert, d.h., die Systeme selbst nehmen die Individualität von Akteuren, die diese im Exklusionsbereich suchen müssen, in Anspruch, z.B. wenn Religion den individuellen Glauben transzendiert oder die Ökonomie den individuellen Zahler thematisiert. Wichtig ist hier, dass die Systeme z.B. die Form des individuellen Zahlers, den homo oeconomicus, durch Thematisierung erzeugen. Es handelt sich also um eine die Exklusionsindividualisierung ergänzende *Inklusions*individualisierung (Nassehi 2003: 106ff.), die sehr an die Inszenierung des Individuums bei Foucault und Bauman (Kapitel IV) erinnert. Damit sich die Individuen trotz dieses doch recht determinierenden Eingriffs Individualität noch selbst zurechnen können, muss diese Inklusionsindividualisierung weitgehend invisibilisiert werden. Zusammengefasst: Analytisch sind in der funktional-differenzierten Gesellschaft psychische und soziale Systeme getrennt, so dass die Individualität der psychischen Systeme *analytisch* außerhalb sozialer Systeme gefunden werden muss. Ergänzt wird dies durch die *thematische* Perspektive, dass soziale Systeme die Individualität von Akteuren als eine Adresse verwenden und zum Thema ihrer Kommunikationen machen. Da es sich um Zuschreibungen handelt, gegen die die Akteure im Zweifelsfall nichts unternehmen können – was wiederum der Vorstellung widerspricht, dass diese selbst im Außen der Systeme Individualität generieren –, werden diese oftmals verschleiert.

Um zu verstehen, wie sich in der funktional differenzierten Gegenwartsgesellschaft diese Form der Exklusionsindividualität mit einer Inklusionsindividualität verkoppelt, muss man die genannte *formale* Exklusionsindividualität von einer an Lebenslagen (Klassen, Schichten, Milieus, Gruppen usw.) gekoppelten Individualitätsproduktion abgrenzen. Man könnte sagen, dass diese sozialstrukturelle Dimension quer zur formal-systemischen Dimension von Individualität liegt. Dies wird besonders dann deutlich, wenn man sich vor Augen führt, dass die Systemtheorie die Begriffe von Inklusion und Exklusion nicht graduell, sondern binär denkt (vgl. Kron/Winter 2005, 2006) – somit ist jemand, der weniger Geld oder gar Schulden hat, *nicht* zugleich weniger in das

Wirtschaftssystem integriert. Wie man weiß, grüßen einen die Banken besonders freundlich, gerade wenn man viele Schulden hat. Der Begriff der Exklusionsindividualität verweist darauf, dass es nicht mehr auf die Gruppenzugehörigkeit, nicht mehr auf die Inklusion in das Soziale ankommt.

Halten wir fest, dass das, was wir als Individuen bezeichnen, nicht als Gegenpol zum Sozialen zu verstehen ist. Vielmehr wird deutlich, dass die »Mitwelt« sozialer Systeme, eben jene psychischen Systeme, innerhalb von Kommunikationsanschlüssen als *soziale Adressen* repräsentiert werden (Fuchs 2006: 385f.; 1997). Im Anschluss an die negative Gynäkologie von Sloterdijk (Kapitel I/1) könnte man die psychischen Systeme (oder umgekehrt die sozialen Systeme) auch als »Mit-Gegebenheiten« bezeichnen. Wenn »Leute« kommunikativ, am Eigennamen verdrahtet, durch die sozialen Systeme angesteuert werden, dann kann, wenn das historisch entsprechende »Adressformular« dies vorsieht, auch die Individualität der Person adressiert werden. Laut Nassehi (2003: 108ff.) ist es zum Funktionieren der modernen Gesellschaft notwendig, dass die Funktionssysteme mit individuellen Adressen rechnen können. Die moderne Wirtschaft muss mit dem individuellen Zahler oder Schuldner rechnen können, die moderne Erziehung mit der individuellen Einheit des zu Erziehenden, das moderne Rechtssystem mit der individuellen Zurechnungsfähigkeit von Schuld und Verantwortlichkeit usw. Die Systeme adressieren und konstituieren auf diese Weise Individualitätstypen, müssen dieses Konstituieren aber unsichtbar halten, damit die Individuen sich ihre Individualität selbst zurechnen können. Sofern Kommunikationen in ihren Anschlüssen Personen weiter als Individuen adressieren, kann man auch von »individualisierender Kommunikation« (ebd.: 122) sprechen. Je mehr die Person als Individuum auf diese Weise im sozialen Kommunikationsraum positioniert wird, d.h. je häufiger und dichter das an dieser Adresse aufgehangene Kommunikationsnetzwerk reproduziert wird, desto höher ist der Grad an Individualität der Person, was wiederum an das formalisierte Individuum (Kapitel III) erinnert. Adressbildung ist eine »Individualisierung im System«, bei der die Systeme intern Leute »bauen« (Fuchs 2000). Die Zuschreibung als individualisierte Person hat dann u.U.

Rückwirkungen auf die Selbstbeschreibung von psychischen Systemen, auf deren Identitätsbehauptung.

2. Individualisierung durch Inkrementalismus (Uwe Schimank)

Auch aus einer akteurtheoretischen Perspektive wird die funktional differenzierte Gesellschaft zu einem individualitätsrelevanten Faktum (vgl. Schimank 2000a, 2002). Zunächst kann man auf den systemtheoretischen Grundgedanken verweisen, dass soziale Systeme Komplexität aufbauen müssen, um in einer komplexen Umwelt bestehen zu können. Handlungsfähige Akteure[20] besitzen eine konstitutive Funktion, insofern sie genügend verschiedenartige Handlungen und Handlungsverkettungen zusammenbringen und somit Eigenkomplexität verfügbar machen. Wie bereits gesagt, ist die Emergenz von Kommunikationen, die zu Systemen gerinnen, die Folge einer radikal gedachten Individualität psychischer Systeme, denn gerade weil Akteure sich wechselseitig nicht in die Köpfe sehen können und füreinander intransparent sind, ist sozial-kommunikative Anschlussfähigkeit möglich. Anders formuliert: Die der Individualität von Akteuren geschuldete Intransparenz bewirkt, dass man an Kommunikationen (und eben nicht an Gedanken) anschließt; wären die Akteure in der Lage, »telepathisch« direkt an die Gedanken der anderen psychischen Systeme anzuschließen, wäre emergierende Kommunikation zumindest nicht in der Form funktional wichtig, wie es sich empirisch aus systemtheoretischer Perspektive darstellt. Das handelnde Zusammenwirken der Akteure bildet somit ein geeignetes Variationspotential als Grundlage für die Entwicklung sozialer Systeme: Gerade weil Akteure unterschiedlich handeln, können soziale Systeme unterschiedliche Zustände annehmen – und Akteure können dies leisten, je individueller sie sich selbst begreifen.

Die über handelnde Akteure eingebrachten Variationen beinhalten das Risiko, dass diese über das erforderliche Maß hinausschießen. Man könnte deshalb eine Grenze der Variationen als Bedingung für soziale Systeme annehmen, in dem Sinne, dass

Handlungen vermieden werden sollten, nach denen man (für Andere) nicht mehr derselbe ist wie vorher. Um dies zu gewährleisten, ist das Selbstbild einer Person hilfreich, an dem sie sich kognitiv und normativ orientiert und anhand dessen sie die eigenen Handlungen ausdeutet. Anders formuliert: Die Ich-Identität hält die Person so konstant, dass ihr Handeln und ihre Erwartungen für Andere erwartbar werden. Die Ich-Identität steuert das Handeln und wird durch das eigene Handeln und die Reaktionen Anderer darauf wiederum zirkulär bestätigt: Durch Wahrnehmung der Wahrnehmung Anderer erfährt man, wer man ist. Dies impliziert bereits, dass die Ich-Identität dargestellt werden muss – wie wir bereits gesehen haben, ist dies eine gute Möglichkeit, Individualität durch Selbstinszenierung zu erreichen (vgl. Kapitel IV). Vor allem Selbstdarstellungen im Rahmen sozialer Rollen scheinen hierfür geeignet, denn dann kann man über das Rollenhandeln von der sozialen auf die personale Identität schließen, zumal wenn sich Rollen vielfach überschneiden. Selbstverständlich gelten auch hier wieder alle Möglichkeiten des *role making*, vom Handeln gegen die Rolle bis hin zum Rollenwechsel. Und dies alles funktioniert auch gut in der traditionalen Gesellschaft, in der vor allem die Hierarchisierung sozialer Rollen und die funktionalen Bezüge der Gesellschaft gut zueinander passen. Wenn sich diese Gesellschaftsformation mit dem dazugehörigen Potential an Individualitätschancen aufgrund verschiedener Innovationen auflöst, werden auch die Akteure aus diesem Zusammenhang entlassen: raus aus der traditionalen, rein in die funktional differenzierte Gesellschaft.

Wendet man den Blick ein wenig weg von der Prägekraft der Systeme hin zur Handlungsfähigkeit der Akteure, dann kann man fragen, wie sie mit dieser Situation umgehen und das Allgemeine (die soziale Thematisierung als individuelle Entitäten) sowie Besondere (die eigene Individualität) in Einklang bringen können (siehe zum Folgenden Schimank 2002, 2005). Anders: Wie können die Individuen unter diesen Bedingungen in ihrem Handeln noch *selbstbestimmt* so etwas wie eine kohärente Vorstellung von möglichst einmaliger Ganzheit erzeugen?

Gesagt wurde bereits, dass handelnde Akteure den sozialen Systemen Komplexität zur Verfügung stellen, damit diese gesellschaftliche Komplexität verringern können. Wieso aber stellt sich die moderne Gesellschaft den Individuen überhaupt als komplex dar? Auf ein Schlagwort gebracht lautet die Antwort: Säkularisierung. Darunter werden in den Geistes- und Sozialwissenschaften die verschiedensten Dinge verstanden, deshalb bedarf es einer kurzen Erläuterung, was hier gemeint ist. Die gesellschaftliche Komplexität nimmt erstens zu, weil *sachlich* gesehen die Welt nicht mehr als Gottes Schöpfung verstanden wird. Daraus folgt, dass der Sinn menschlicher Existenz selbst erzeugt werden muss. Zweitens gibt es *sozial* gesehen keine göttliche Harmonie von Werten und Wahrheiten mehr. Dies befördert Konflikte, z.B. im Kampf um »richtige« Werte. Und drittens wird in *zeitlicher* Perspektive der göttliche Schöpfungsplan für die Welt durch die Vorstellung einer evolutionären Entwicklungslogik abgelöst. Im Ergebnis bedeutet dies, dass man aus dem ehemaligen Imperativ allen Handelns (»Führe ein gottgefälliges Leben!«) entlassen wird. Der neue Imperativ lautet: »Sieh zu, dass Du in einer multi-perspektivischen Welt zurechtkommst!« Jedes Ereignis unterliegt nun einer Multi-Optik (siehe zu diesem Begriff Kron/Winter 2005: 386ff.), je nachdem, welcher – ökonomischen, religiösen, politischen, sportlichen, familiären, künstlerischen oder wissenschaftlichen usw. – Leitorientierung man gerade folgt. Für die Individuen folgt daraus eine existentielle Verunsicherung. Wiederum sachlich drückt sich diese in einer Pluralisierung der Lebenswelten aus, welche die vormalige Schöpfungsordnung ersetzt, einhergehend mit einer Überfülle an Möglichkeiten – Stichwort »Multioptionierung« (Gross 1994). Zeitlich wird der Schöpfungsplan durch eine Temporalisierung aller Strukturen substituiert, was eine nahezu permanente Kontingenzerfahrung mit sich bringt, die, wie wir schon gesehen haben, den Einzelnen nahe legt, auf »Fitness« zu setzen (Bauman 1995b; vgl. Kap. IV/2). In sozialer Hinsicht sind alle Gesichtspunkte zur Orientierung des Handelns relativiert, was die Vorstellung *einer* göttlich gegebenen Weltordnung ersetzt. Ergo: »Die Person muss jenseits Gottes und des Nichts zu sich selbst finden und sich selbst behaupten.« (Schimank 2002: 72)

Dies bleibt jedenfalls nicht ohne Folgen für die strukturellen Möglichkeiten der Individualitätsgenerierung durch Identitätsbehauptung. Das vormalig einigermaßen festgelegte Rollenhandeln muss nun unter der Prämisse ausgestaltet werden, dass mehr systemspezifische Rollen vorhanden sind, die einerseits eine größere Unabhängigkeit voneinander aufweisen, andererseits aber mehr Interdependenzen offenbaren. Damit sind die Chancen erhöht, Rollen miteinander zu kombinieren, was insgesamt in einer Zunahme an Verschiedenartigkeiten der Ich-Identitäten resultiert (ganz im Sinne der Simmel'schen »Kreuzung sozialer Kreise«, siehe Kapitel III). Diese Form der Individualisierung wird als Individualismus schon mal prinzipiell positiv bewertet: »Ich bin anders, also bin ich«, lautet die implizite Devise. Trotz aller Zwänge, die Individualität (z.B. im Konsum) konstituieren *zu müssen*, können die verschiedenen Rollen- und Selbstdarstellungen nicht mehr sozial reguliert werden – zu komplex ist dieses Beziehungsgeflecht. Die individualistischen Konformitätszwänge werden folglich nicht sozial flankiert, sondern mehr oder weniger komplett auf die Personen abgewälzt. Und dies unter der Bedingung, dass nur dann jene von komplexer gewordenen Sozialsystemen abgeforderte Eigenkomplexität gewonnen werden kann, wenn die Personen ihre ganze Eigen-Komplexität der sozialen Identität in der Darstellung der Ich-Identität abbilden und nicht übervereinfachen. Die »Belohnung« für die Übernahme dieser gesellschaftlich wichtigen Funktion des Aufbaus von hinreichender Eigenkomplexität ist, dass mehr Chancen zur Bedürfnisbefriedigung bereitgestellt werden, wodurch man einen höheren Grad an Selbstbestimmung in dem Sinne erreicht, dass man sich durch eigene Handlungen selbst schafft. Damit ist keine Identitätsontologie behauptet! Es kommt also nicht drauf an, *ob* Individualität der Akteure tatsächlich besteht, sondern dass sie als Entscheidungsprinzip unterstellt werden kann.

Es wundert wenig, dass die Individuen verschiedenartig darauf reagieren. Einige versuchen eine Bewahrung der eigentlich vormodernen, substantiell-teleologischen Identitätsform trotz gesellschaftlicher Veränderungen. Sie reagieren defensiv, indem sie beispielsweise von Gott abstrahieren, so dass dieser mit der Komplexität vereinbar ist: Kontingenz ist eben das einzig Unhinterfragbare und Gott ist dann der Ursprung der Kontingenz. Dies bringt allerdings relativ wenig für die praktische Lebensbewältigung. Eine weitere Defensivreaktion ist, Gott zu postulieren, d.h. seine Existenz normativ einzufordern: Alles Leiden in der Welt könne nicht das letzte Wort sein, also müsse es ja einen Gott geben. Gott existiert demnach, weil er existieren muss, wenn der Mensch nicht sinnlos leben will. Der funktionalistische Fehlschluss, von der Notwendigkeit auf die Wirklichkeit zu schließen, liegt auf der Hand.

Eine Mischung aus defensiver und offensiver Reaktion ist die Gottessubstitution. Dabei wird der Gottesverlust einerseits akzeptiert, andererseits sucht man nach funktionalen Gottes-Äquivalenten. Man *glaubt* dann etwa an den Fortschritt, an Demokratie, an den Kapitalismus, den Marxismus, den Sozialismus oder den Faschismus, hat dann aber Schwierigkeiten, derartige funktionale Äquivalente angemessen auf stark individualisierte Probleme (Krankheit, Schuld, Liebeskummer, Einsamkeit, Tod usw.) zu beziehen.

Eine andere, offensiv ausgerichtete Reaktion ist die Suche nach einer neuen, angemessenen Identitätsform. Eine erste Form ist der *Reflexivismus*. Dabei bildet der Zweifel an der religiösen Weltdeutung – dies macht die Reflexion aus – zugleich die neue Identitätsform: »Ich zweifle, also bin ich«, lautet das Motto. Auf diese Weise generiert Identität zum Prozess der Problematisierung jeglicher biographischer Selbstfestlegungen, gestützt beispielsweise durch eine zunehmende Psychologisierung der Gesellschaft. Man betrachte nur die Menge und Vielfalt der Themen in der Ratgeberliteratur. Nahezu jedes Ereignis kann aus einer Problemperspektive betrachtet, analysiert und mit den unterschiedlichsten Bewältigungstechniken angegangen werden. Auf diese Weise wird mehr oder weniger fachkundliche Hilfe beim Dauerzweifel geleistet.

Mit einer aus Zweifeln genährten Selbstdauerkrise möchten jedoch nicht alle Individuen leben. Daher bietet sich als eine weitere offensive Reaktionsform der *Subjektivismus* an. Dieser geht davon aus, dass jede Person eine privilegierte Beziehung zu sich selbst unterhält: Die eigene Befindlichkeit ist am zugänglichsten und zumeist auch am wichtigsten. Alle Wertungen und Deutungen etc. durchlaufen bei dieser Identitätsform eine subjektive Eigenlogik, am deutlichsten sichtbar beim Gefühlsdezisionismus, für den die je eigenen Gefühle als letzte und abschließende Argumente gelten. Voraussetzung des Subjektivismus ist, dass die eigene Subjektivität nicht in Frage gestellt wird, denn nur dann können Gefühle auch »authentisch« sein. Damit beruht diese Reaktionsform auf einem Zirkelschluss: Gefühle »sind«, weil sie nicht reflektiert werden – und sie werden nicht reflektiert, weil sie als gegeben hingenommen werden (müssen). Da die dafür notwendigen sozialen Limitationen übersehen werden (z.B. sozial gefordertes »Gefühlsmanagement«; vgl. Flam 2000), taugt auch diese Identitätsform kaum für eine komplexe Gesellschaft.

Diejenige Reaktionsform auf den Tod Gottes, die Schimank (2002: 65ff.; 1985b) als der funktionalen Differenzierung entsprechend herausstellt, ist eine Kombination aus den zwei bisher genannten Offensivreaktionen: ein *reflexiver Subjektivismus*. Die eigene Subjektivität und damit die eigene Biographie ist wie beim Subjektivismus der Bezugsrahmen des Erlebens und Handelns. Diese Subjektivität ist aber nicht fixiert, sondern (wie die Biographie mit Blick auf die Zukunft) veränderbar. Diese Kontingenz der Subjektivität wird durch Reflexion konditionierbar – und genau das macht die Stabilität aus! In der Selbstreflexion bildet sich die Identität aus. Sie muss nicht kontinuieren – und genau auf diese Art und Weise kann Kontingenz bearbeitet werden. Diese Identitätsform ist deshalb der komplexen, funktional differenzierten Gesellschaft angemessen, weil sie eine selbstreferentielle Identität durch Lernbereitschaft erzeugt, indem Umweltereignisse an die eigene Biographie angeschlossen werden: Biographie verweist auf Biographie und währenddessen wird Identität durch Abweichungsdämpfungen ständig (re-)produziert.

Die mit dieser Identitätsbehauptung präsentierte Individualität zeigt sich zwar als selbstbestimmte Einzigartigkeit, aber dies verschleiert nur den imperativen Charakter der gesellschaftlichen Anforderung, sich als Individuum darstellen zu *müssen*. Man hat individuell und unverwechselbar sein zu wollen und sich trotz aller sozialen Einflüsse selbstbestimmt zu zeigen. So gesehen sind verschiedene Grade an Individualität möglich, je nachdem wie sehr die Balancierung zwischen Selbstbestimmung *de facto* und *de jure* gelingt. Mindestens bleibt ein *Individualitäts-Minimalismus*, d.h. man pendelt zwar zwischen Individualität und Massen-Dasein, weiß aber, dass man jederzeit individuell sein könnte. Dieser Generalvorbehalt kann nicht ausgeräumt werden: Individualität steht als Potential stets bereit. Geläufiger dürfte ein *relativer Individualismus* sein, der daran anschließt, dass es leichter ist, in der Masse und fremdbestimmt zu sein, denn dies entlastet von der Notwendigkeit, einfallsreich sein zu müssen, etwa wenn man keine Zeit, keine Lust, zu viel zu tun hat oder zu müde oder zu dumm ist, um sich von Anderen abzugrenzen. Luhmann (1994) sah an dieser Stelle das Kopieren als eine zeitgenössische Möglichkeit, Individualität zu erzeugen. Manchmal würde man sich gerne einfallsreich als Individuum selbst erzeugen, besitzt aber eben nicht die notwendige Durchsetzungsfähigkeit, z.B. keine Macht, kein Geld, keine Unterstützung. Ein weiterer Vorteil ist, dass man, wenn man mit der Masse mitgegangen ist und nun aber die damit verbundene Entlastung nicht mehr nötig hat, sich auch gerade in der Masse als individuell hervorheben kann. So wie man sich besonders einsam in der Masse fühlen kann, kann man sich besonders individuell fühlen, weil es die Masse gibt, so lange man diese vor lauter Menschen nicht erkennt.

Dies scheint ein merkwürdiger Gedankengang zu sein, zumal »Masse« als ein »klassischer« Gegenstand (Canetti 1980; Geiger 1967; LeBon 1911) nicht gerade ein beliebtes Thema der gegenwärtigen Soziologie ist. Vielleicht hat man sich zu sehr von der Kritik an der Masse beeinflussen lassen, deren stärkster Vertreter wahrscheinlich Nietzsche war, der oftmals seine überschäumende Wut über die »Herdenmenschen« nicht mehr verbergen konnte: »Wo das Volk isst und trinkt, selbst wo es verehrt, da pflegt es zu stinken.« (Nietzsche 1988: 49; vgl. auch Kopf 1988) Diesen kritischen Ton beibehaltend beklagt Ortega y Gasset zwar den »Aufstand der Massen« (1983), implizit wird jedoch anerkannt, dass die Masse für die gesamte Gesellschaft die wichtigen Entscheidungen trifft. In eine ähnliche Richtung weist der Beitrag von Sloterdijk (2000). Aus seiner Sicht erzeugt die Masse die relevanten Unterschiede, nachdem alle vorgefundenen Unterschiede, die die Andersheit des Menschen hätten begründen können, mit dem demokratischen Projekt vernichtet worden sind. Die mit Unterscheidungsberechtigung ausgestattete Masse differenziert allerdings nur grobschlächtig, schon gar nicht fein genug aus der

Sicht derjenigen, die sich selbst nicht als Teil der Masse sehen. Diese Skepsis gegenüber der Masse äußert sich etwa in Zukunftsprognosen, die den historischen Sieger im neuen Jahrtausend in der Massenkultur, im Banalen, im Immer-Gleichen ausmachen (Mohr/Schreiber 1999).

Ist diese Skepsis zwingend? Erst einmal scheint es kaum möglich, als Einzelner heutzutage überhaupt der Massenhaftigkeit zu entgehen. Wie Magneten werden die Einzelnen von den Massen angezogen, weil jedes (Kultur-)Produkt (wenigstens visuell) sofort allen Menschen – Stichwort Globalisierung – zugänglich gemacht wird. Immer und überall ist das eigene Handeln Teil einer Masse, die genauso handelt und das gleiche Programm verfolgt. Wo wir z.B. für »intime« Produkte Geld ausgeben, sind wir sowohl Teil einer Masse, die einem ökonomischen Programm folgt, als auch u.U. Teil einer Masse, die einem bestimmten Programm von Intimität anhängt. Wie auch immer wir handeln, wir tun es, weil es auch Andere tun. »Wo alles schwarz von Menschen ist, dort enthüllt sich das Wesen der Masse als purer Sog.« (Sloterdijk 2000: 12) An dieser Stelle wird oftmals kritisch hervorgehoben, dass man als Massenelement andere Akteure als Individuen gar nicht mehr wahrnähme: »In ihr ist man als Individuum Masse. Man ist Masse, ohne die anderen zu sehen.« (Ebd.: 17) Wenn man mit Anderen eine Masse bildet, ohne diese Anderen zu bemerken, dann kann man sich, in Baumans Worten, nicht *be*gegnen, sondern nunmehr *ver*gegnen. Andere werden in eine Sphäre der Nichtaufmerksamkeit gerückt; sie werden als Objekt, nicht als Antlitz sichtbar (Bauman 1995a: 232). Dies ist aber nur eine, die moralkritische Seite der Medaille: Auf der anderen Seite sieht man, gerade da es sich nicht um Präsenz- oder Auflaufmassen, sondern um programmbezogene Massen handelt, nicht nur den Anderen, sondern auch die Masse nicht. Man sieht, mit anderen Worten, nicht nur die Bäume vor lauter Wald, sondern auch vor lauter Bäumen den Wald nicht. Dies ist vor allem dann der Fall, wenn die Masse selbstverständlich wird und es dadurch zu ihrer Verselbständigung kommt. Die Handlungsvorgaben der Massen sind im Sinne von Garfinkel das »know how«, das nicht zwingend ein »know that« mitführen muss. Dies ist es, was die berühmte Studie von Bellah et al. (1987) als »Gewohnheiten des

Herzens« herausstellt: Alle Akteure wissen, wie sie sich als Individuen darzustellen haben, aber sie sind sprachlos über diejenige Individuenpopulation, jene programmbezogene Masse, die diesen »Kult des Individuums« (Durkheim 1973: 153f.) begründet (siehe auch Kapitel VII). Insgesamt wird es so gesehen möglich, Individualität als »Einzigmassigkeit« herzustellen (vgl. Kron 2006).

Einzigmassigkeit ist bereits ein spezifisch kognitiv-evaluativer Modus der Relationierung von Selbst- und Fremderleben, d.h., das Ausmaß der selbstbestimmten Einzigartigkeit wird im Vergleich zu Anderen bestimmt. Eine andersartige, zur Einzigmassigkeit hinzutretende Relativierung sind *Individualitätsfiktionen*: Wir sehen uns selbst im Vergleich zu Anderen als individueller, weil wir meinen, mehr Eigenschaften an uns zu kennen. Andere Akteure werden dagegen eher typisiert wahrgenommen: Ich bin anders, alle Anderen sind Massenmenschen. Dem entspricht in umgekehrter Weise, dass bei man bei *Schuldzuweisungen* sich selbst *nicht* als individuell beschreibt, aber die Anderen. Wer zu fett ist, wird durch das Massenprogramm der kulinarischen Verführung von einer gesünderen Ernährung abgehalten – »da konnte man nicht widerstehen« –, während ein zu hoher Körperfettanteil bei Anderen gerne als Versagen ihres Willens beschrieben wird. Im Gegensatz zur Einzigmassigkeit wird hier nicht die eigene Individualität erhöht, sondern die Individualität der Anderen untertrieben – frei nach Sartre: »Die Masse, das sind die Anderen.« Beide Formen sind Praktiken der Selbsttäuschung, die kollektiv als generelle Individualitätsfiktion dann funktionieren, wenn alle diese simultan vollziehen.

Wenn oben gesagt wurde, dass die dem reflexiven Subjektivismus entsprechende Identitätsform nicht kontinuieren muss, so war dies auf die Aussage bezogen, dass Stabilität durch Reflexion der Kontingenz gegeben ist. Klar ist aber auch, dass man ohne eine minimale kontinuitätsmarkierende Lebensgeschichte nicht gut leben kann, so dass eine gewisse Kontinuität der Biographie – nicht: der Identität – unerlässlich erscheint. Wenn die der Gegenwart angemessene Ich-Identität sich in einer biographisch kontingenten Stabilität auszeichnen muss, dann stellt sich die Frage, durch welche Art des Handelns dies wohl am besten gelingt. Die Antwort hierauf liegt im *»biographischen Inkrementalismus«* (Schimank 1987). Dieser besagt, dass man sich ohne klar definierte (oder diffuse bzw. widersprechende) Ziele durch die eigene Lebensgeschichte wurstelt. Was am Ende dabei rauskommen soll, ist unklar. Alle auf dem Weg liegenden Ziele werden nicht langfristig, sondern eher fragmentarisch verfolgt. Im Prinzip ist es wie beim Flipperspiel (Schimank 1999): Jede Art des Steuerungshandelns verändert nur marginal etwas und manchmal kann man nur zuschauen. In jedem Fall ist das zu steuernde Geschehen zu komplex, um es irgendwie berechnen zu können. Trotzdem machen die Versuche, steuernd einzugreifen, einen Unterschied, die einen Unterschied machen können. Allerdings kann man auch die Relevanz von Steuerungshandeln nicht vorhersehen, weil nicht klar ist – und sich vielleicht erst auch im Verlauf selbst herausstellt –, welche Fähigkeitsunterschiede zum Tragen kommen und welche nicht.

Letztlich heißt »steuern« hier, dass man das endgültige Scheitern so lange wie möglich hinausschiebt. Genau wie beim Flipperspiel kann man auf zufällige »Volltreffer« hoffen, etwa auf Unterstützung, mit der man nicht gerechnet hat. Und häufig lernt man auch, wie man zumindest in ganz spezifischen Situationen erfolgreich sein kann. Das Erlernen von Partialsteuerung ist zumindest nicht ausgeschlossen. Teil des Lernerfolgs kann auch eine gewisse Selbstkontrolle sein, z.B. ein angemessenes Gefühlsmanagement, denn es erleichtert die Bewältigung sozialer Situationen durchaus, wenn man weiß, wann man welche Gefühle zeigen soll und wann nicht – und wann man gegen derartige Normierungen besser verstößt. Dass dem biographischen Inkrementalismus ein gewisser lakonischer Fatalismus zu eigen ist, sollte nach dem Gesagten selbstverständlich geworden sein, denn wenn es nur darum geht, die Spannung des totalen Scheiterns so lange wie möglich aufzubauen, dann ist es hilfreich zu lernen, das Scheitern zwischendurch locker zu nehmen.

Die Bevorzugung des biographischen Inkrementalismus in der funktional-differenzierten Gesellschaft hat Auswirkungen für das mehr oder weniger alltägliche Entscheidungshandeln der Akteure, wenn man davon ausgeht, dass das Entscheidungshandeln eines Individuums immer und immer mehr mit anderen Akteuren zusammenwirkt: Zwar zwingt der biographische Inkrementalismus zu individuellen Entscheidungen, doch das Ergebnis der Entscheidungen ist immer zugleich davon abhängig, was andere Individuen entschieden haben. Wie soll es in einer programmbezogenen Masse auch anders sein? In einer komplexen Welt sind alle Akteure zugleich Entscheider *und* Beeinflusste von Entscheidungen – und dies zumeist, ohne voneinander zu wissen, da die Auswirkungen von Entscheidungen entweder über lange Handlungsketten wirken oder aber die Akteure zwar räumlich weit voneinander entfernt sind, die Struktur ihrer Verbindung jedoch eine so kurze charakteristische Pfadlänge aufweist, dass sie sich mehr oder weniger ebenfalls unmittelbar beeinflussen. Wir kennen diese Argumente bereits von den Argumentationsfiguren des zivilisierten und formalisierten Individuums (Kapitel III und IV). Und selbst wenn man von- und umeinander weiß und man prinzipiell nicht gegeneinander zu handeln gedenkt, können die Folgen des handelnden Zusammenwirkens weder gewünscht, noch erwartet – mit einem Wort: transintentional – sein (vgl. Kron 2003). Das Ergebnis ist mangelnde Erwartungssicherheit: Aus der Unsicherheit über die Entscheidungen und das Handeln der Anderen entstehen Ambiguitäten und Ambivalenzen im eigenen Handeln. Man stochert mehr oder weniger im Nebel.

Die Ambiguitäten und Ambivalenzen werden dadurch noch erhöht, dass jedes Entscheidungshandeln in einer komplexen Gesellschaft damit zurecht kommen muss, dass jede Information unter Unvollständigkeitsverdacht steht. In einer sozialen Welt, in der die zur Verfügung stehenden Informationen nahezu explodieren, ist *immer* nur selektive Aufmerksamkeit möglich, was die Menge, die Verknüpfbarkeit sowie die Suchkapazitäten angeht. Dies alles wäre nur halb so schlimm, wenn nicht die zur Verfügung stehende Zeit (etwa zur Ausrichtung der selektiven Aufmerksamkeit auf bestimmte Informationen – aber welche können das sein?) knapp wäre. Das ist sie aber. Und nicht nur das: Zudem muss man in der gegenwärtigen Gesellschaft verschiedene Zeithorizonte simultan handhaben, denn ökonomisch erhält man das Gehalt monatlich, während Sportereignisse wie die Fußballbundesliga jedes Wochenende stattfinden, politische Wahlperioden aber in jährlichen Abständen usw.

Dies alles führt dazu, dass man mehr oder weniger dazu gedrängt wird, auch im Entscheidungshandeln die eigene Kontingenz bezogen auf Alternativen, Erwartungen, Bewertungen, Orientierungen und Deutungen des Handelns zu reflektieren, d.h., Handlungsalternativen zu sondieren und in einem Zuge die gewählte Handlungsalternative zu relativieren. Rein gefühlsgeleitetes, traditionales und routiniertes Handeln steht zwar prinzipiell noch zur Verfügung, aber die sozialen Widerstände gegen diese Form des Sich-leiten-Lassens nehmen eher zu als ab.

Wie geht man nun am besten mit dieser permanenten Kontingenz um (siehe zum Folgenden weiterhin Schimank 2005)? Lange Zeit war das Prinzip, das die Sozialwissenschaften anrieten, um Kontingenz im Handeln spezifizieren zu können: *Rationalität*. Rationalität ist »good opening« gefolgt von »good closing«: Man verarbeitet zunächst die dargebotenen Informationen so umfassend wie möglich, um dann die Informationskomplexität nach einem geeigneten Algorithmus wieder zu reduzieren. Und dieser Algorithmus ist die Kosten-Nutzen-Analyse über alle Zwecke und Mittel. Schon immer ist betont und in empirischen Untersuchungen nachgewiesen worden, dass dieses Modell des Handelns derart viele »Anomalien« aufweist, dass man eher grundsätzlich von einer *begrenzten Rationalität* ausgehen sollte. Und nach dem bisher Gesagten sollte auch klar sein, dass dies unter modernen Bedingungen, die ja einen biographischen Inkrementalismus nahe legen, erst recht angeraten ist.

Die Frage der Rationalität wird also eher eine Frage von Abstufungen, zumindest wenn man es entscheidungstheoretisch für fruchtbarer hält, nicht generell auf Dichotomien, sondern auf graduelle Übergänge zu setzen (vgl. Kron 2005a, 2005b). Sie lautet entsprechend: Wenn perfekt rationales Handeln kaum mehr möglich ist, wie kann man einer Entscheidungssituation möglichst viel Rationalität, angesichts der Entscheidungskomplexität, abtrotzen? Schimank unterscheidet drei graduelle Abstufungen von rationalem Entscheidungshandeln: Planung, Inkrementalismus und Im-Spiel-Bleiben. Diejenige Form des Entscheidungshandelns, die am besten zum biographischen Inkrementalismus und damit am besten zur Identitätsbehauptung der Akteure passt, ist der (jetzt entscheidungstheoretisch gemeinte) Inkrementalismus: Man »wurstelt« sich auch bei den Entscheidungen so durch. Probleme werden in keinster Weise aktiv sondiert oder präventiv gescannt, sondern man hangelt sich reaktiv an den sich aufdrängenden Entscheidungsproblemen entlang und hofft, dass der Entscheidungskelch an einem vorüber geht, was insofern rational ist, als es Kosten spart, wenn es gelingt. Je nach gerade aktuellen Eigeninteressen werden Entscheidungskriterien selektiv gesetzt. Diesem situativen Opportunismus entspricht die Heuristik der möglichst einfachen Alternativensuche, in der die sachliche und zeitliche Nähe genauso als Indizien für Kausalzusammenhänge gedeutet werden wie einzelne Faktoren. Derartige Heuristiken helfen, die notwendige Informationsverarbeitung zu reduzieren. Besonders beliebt: die Typisierung, d.h. die Einordnung *spezifischer* Probleme in bekannte (d.h. mit bereits gemachten Erfahrungen versehene) Kategorien von Problemen, die man dann noch anhand verschiedener Generalisierungsniveaus qua Über-/Unterordnung dekomponieren kann. Die Klage der Ehefrau über ein spezifisches Beziehungsproblem wird dann beispielsweise auf »das Meckern der Frauen« zurückgeführt und folglich als normal und unwichtig eingeordnet.[21] In medizinischen Fällen kennt man ebenfalls die Devise: »In solchen Fällen hat immer schon *X* geholfen.«

Da man um das handelnde Zusammenwirken weiß und die eigene Entscheidung nicht als monadisch produziert versteht, versucht man, die Akteurkonstellationen und die damit verbundenen Möglichkeiten bzw. Kräfteverhältnisse zu nutzen. Die Beachtung institutioneller Regeln kann hier ebenso nützlich sein wie deren Missachtung. Ausgleichszahlungen und Koppelgeschäfte erhöhen die Chance, dass man sich nach Maßgabe der Kräfteverhältnisse aneinander anpasst (»Partisan Mutual Adjustment«). Der entscheidungstheoretische Inkrementalismus sieht vor, dass Fehlertoleranzen eingebaut und eine auf die Lebenswelt des Einzelnen übertragene Popper'sche »Politik der kleinen Schritte« verfolgt wird. Dazu gehört ebenfalls, Redundanzen einzubauen und das Risiko zu streuen, denn so schafft man Überkapazitäten zur Risikokontrolle und kommt nicht in die Lage, alles auf eine Karte setzen zu müssen. Der inkrementalistisch entscheidende Akteur verzichtet somit insgesamt zwar auf die Erreichung des Optimalen, stellt aber trotzdem Ansprüche an seine Entscheidung, d.h. er versucht eine Maximierung der Zeitgerechtigkeit im Rahmen des Anspruchsniveaus (Satisficing).

Hier nun schließt sich der Kreis zur Individualisierung. Wir sind von der funktional differenzierten Gesellschaft ausgegangen. Funktionale Differenzierung bedeutet All-Inklusion, d.h. alle Akteure sind prinzipiell in alle Systeme inkludiert. Daraus wiederum kann man Ansprüche ableiten: (a) basale Ansprüche als Recht auf teilsystemische Leistungen, um die eigenen Lebenschancen verbessern zu können (Gesundheitssystem, Bildung usw.); (b) reflexive Ansprüche, die Bedingungen der Realisierung der basalen Ansprüche zu verbessern (Recht, Massenmedien), z.B. politische Partizipationsrechte, um politische Mitgestaltung verbessern zu können. Inklusion als normatives Prinzip bedeutet kurz gesagt: Allen soll es immer besser gehen. Diese Ansprüche dienen nun als Anknüpfungspunkte für Identitätsbausteine im biographischen Inkrementalismus: Man orientiert sich an dem Ist-Zustand im Vergleich zu dem, was sein soll, und identifiziert sich mit den Ansprüchen. Und entsprechend inkrementalistisch passt man immer wieder sein Entscheidungshandeln an. Ein Student etwa, der sich gegen Studiengebühren ausspricht, wird dies begründen müssen. Warum sollte es Bildung kostenlos geben? Er wird eventuell auf den Anspruch verweisen, dass auch Kinder weniger reicher Eltern ein Recht auf (Aus-)Bildung haben sollten und sich mit diesem Anspruch z.B. als Sozialdemokrat identifizieren. Derartige Ansprüche können so ausgerichtet werden, dass Erwartungsenttäuschungen einer generellen Nicht-Akzeptanz unterliegen – eine Konsequenz vermutlich permanenter Erwartungsenttäuschungen. Wessen Erwartungen immer enttäuscht werden, der kann solche Enttäuschungen *per se* ablehnen und daran arbeiten, die eigene Wirklichkeit (bzw. die Wahrnehmung dessen) zu ändern, an den Erwartungen aber festhalten. Dass Erwartungsenttäuschungen allgegenwärtig sind, ist sachlich (»Ich habe zuwenig Geld, PS usw.«), zeitlich (»Gestern war ich besser dran.«) und sozial (»Andere sind besser dran.«) verursacht und damit unvermeidbar.

Die Reaktion der Gesellschaft auf Daueransprüche lautet: »Wachstum«, – wie man unschwer etwa an dem Umgang und der Bewertung des Bruttosozialprodukts sehen kann. Alles ist gut, so lange es wächst, der Verkauf von Waffen ebenso wie die Ausnutzung natürlicher Ressourcen (vgl. Münch 1995: 64ff.). Die über Ansprüche nach außen wirksamen Eigenkomplexitäten der Individuen stützen und fordern Systeme *ohne* Stopp-Regeln, so dass man von einem Steigerungszusammenhang von Ansprüchen und systemischem Leistungswachstum sprechen kann, wobei Letzteres wiederum eine Anspruchsförderung zur Folge hat. Der Anspruch auf Erhaltung der Gesundheit für alle führt auf diese Weise dazu, dass die Medizintechnik immer weiter voranschreitet und immer mehr Menschen in immer mehr Hinsichten helfen kann. Dies hat wiederum zur Folge, dass immer mehr Menschen den Anspruch erheben, dass auch ihnen medizinisch geholfen wird. Die Gefahr ist, dass die Ansprüche zum einen ins Unermessliche wachsen und kaum mehr einen reellen Hintergrund besitzen, z.B. wenn man sich alle möglichen Heilungen von der Gen-Therapie verspricht, deren Heilungserfolg als medizinische Methode aber noch gar nicht klar ist, und zum anderen, wenn wirklich jeder medizinische Hilfe und Betreuung erwartet, auch wenn er oder sie das ganze Leben nicht selbst auch etwas für und vielleicht sogar alles gegen ein gesundes Leben getan hat – Raucher, die erwarten, dass ihnen im Lungenkrebsfall geholfen wird. Diese Anspruchsinflation verschärft sich dann zwangsläufig irgendwann zu einem Verteilungskonflikt, wenn die realen Gegenwerte der Ansprüche nicht mehr für alle reichen, weil etwa die Anwendung hochspezialisierter neuer Medizintechnik nicht für alle Patienten bezahlbar ist. Derartige Konflikte verschärfen aber wiederum die Abhängigkeiten der Akteure voneinander, so dass man insgesamt den Entscheidungsinkrementalismus sowie den biographischen Inkrementalismus als jene Modi erkennen kann, auf die diese Dynamiken hinauslaufen.

Zusammenfassend wird auch in einer sehr allgemeinen gesellschaftstheoretischen Perspektive, der systemtheoretischen Anschauung funktionaler Differenzierung, der Individualisierungszusammenhang im Prozess des Raus und Rein deutlich. Das Individuum wird operativ aus dem sozialen Kommunikationsverkehr exkludiert und als individuelle adressierte Person wieder in den Kommunikationsablauf reingeholt. Auch in der akteurtheoretischen Perspektive wird man mit der funktionalen Differenzierung aus den traditionalen Deutungs- und Erwartungsstrukturen entlassen und sowohl in einen biographischen als auch in einen das Entscheidungshandeln anleitenden Inkrementalismus überführt. Diese Argumentation setzt vor allem am Verlust der göttlichen Handlungsorientierung an. Wir möchten nun daran anschließend fragen, ob es nicht doch eine Möglichkeit gibt, Religiosität mit dem Individualisierungsargument zusammenzubringen.

VII. Das gewollte Individuum bei Nietzsche und Beck

Die These der funktionalen Differenzierung mit der Argumentationsfigur des inkrementalistischen Individuums beruht auf der Annahme, dass Werte – als moralische Kommunikationen – zwar noch vorkommen, jedoch nicht als System, sondern eher als Störungen systemischer Kommunikationsprozesse. Anders formuliert: Konzeptionen des Wünschenswerten – so die Definition von Werten etwa bei Talcott Parsons – spielen keine große Rolle mehr in der Gesellschaft, wenn man vom Religionssystem absieht. Folglich dürften Werte auch für Individualisierungsvorgänge unwichtig sein.

Eine Gegenthese hierzu besagt, dass es – zumindest in der westlichen Welt – der Wert des Individuums ist, der Individualisierungsprozesse wesentlich stützt. Die Argumentation lautet, dass das Individuum über funktionale Adressierungserfordernisse hinaus als solches *gewollt* werden muss, weil es sonst kaum eine Chance hat, sich als Individuum zu erzeugen, hervorzubringen, zu inszenieren, »durchzuwursteln«. Die vielen holistischen Gegenwertvorstellungen, die das Wünschenswerte in der kollektiven Dimension ansetzen – Faschismus, Kommunismus usw. – zeugen genau davon.

1. Die Individualität des vornehmen Menschen (Friedrich Nietzsche)

Ein Ursprung der Argumentationsfigur, in der der Gottesverlust der funktional differenzierten Gesellschaft und das gewollte Individuum zusammengehen, ist in der Philosophie Friedrich Nietzsches zu sehen. Bekanntlich hat Nietzsche zunächst klargemacht, dass alle religiösen Deutungen und Interpretationen des Daseins vor allem für diejenigen notwendig sind, die die Erkenntnis, dass es keine Wahrheit gibt, fürchten. Religionen entstehen aus Furcht vor der konstruktivistischen Einsicht, dass Wahrnehmungsinhalte immer an die *eine* Perspektive des Erkennenden geknüpft sind, neben der immer auch andere Perspektiven möglich wären, weil es prinzipiell keinen Zugang für den Menschen zu einer außerhalb seines Schaffens liegenden Realität gibt. Aus diesem Fehlen »realistischer Wahrheiten« folgt: »Jedes Wort ist ein Vorurtheil.« (Nietzsche KSA 2: 577) Nietzsche vollzieht die Dekonstruktion scheinbarer »Wahrheiten« beispielsweise an Descartes' *cogito*. Unter anderem setzt das Denken kein Subjekt als Bedingung voraus, weil »ein Gedanke kommt, wenn ›er‹ will, und nicht wenn ›ich‹ will«. Auch »der menschliche Wille« ist für Nietzsche nur eine terminologische Vereinheitlichung komplexer Zusammenhänge von unterschiedlichsten Gefühlen, Gedanken und Affekten. Der synthetische Ich-Begriff täuscht über die Vielheit des Wollens, die eben auch Zwänge und Widerstände enthält, hinweg. Somit erklärt Nietzsche die Definition des Menschen als absolutes Sein für unmöglich. Für ihn kann es einen Glauben an »das blutlose Abstractum ›Mensch‹, dass heisst, an eine Fiction« (Nietzsche KSA 3: 93), nicht mehr geben. Der Mensch ist weder aufgrund eines absoluten Seins definiert, auf das er sich als Individuum berufen kann, noch ist er durch eine göttliche Bestimmung festgelegt. »Strenggenommen wissen wir nicht sicher, wer wir sind, und letztlich wissen wir auch nicht, was wir tun.« (Gerhardt 1992: 28) Aus dieser Dekonstruktion von Wirklichkeit und Wahrheit und dem Aufbau einer perspektivischen Erkenntnisstruktur folgt nun indessen nicht – wie in mancher postmodernen Perspektive –, dass man von Gegenständen der Kritik nicht mehr sinnvoll sprechen könne. Nietzsche vertritt zwar einen jedem Dogmatismus entgegentretenden erkenntnistheoretischen Perspektivismus, doch der »›Schein‹ bleibt bestehen, nur eben nicht mehr *als Schein*« (ebd.: 35).

Religion ist also ein Mittel der Ängstlichen. Das bedeutet nun nicht, dass sie nicht erfolgreich gewesen ist – im Gegenteil: Sie ist auch für Nietzsche zweifelsohne ein anerkennenswerter Fakt (Nietzsche KSA 2: 110). Besonders erfolgreich sind die Religionen darin, Gegebenheiten zu bewerten bzw. umzuwerten: Es ist nach Nietzsche der ängstliche und damit »niedere« Mensch, der seine Furcht beseitigen und den barbarischen Menschen zivilisieren will. Triebe und Neigungen dürfen weitgehend nicht mehr ausgelebt werden, obwohl auch sie eine Weiter- und Höherentwicklung der menschlichen Gattung bedeuten könnten. Ein Resultat dieser Affektregulierung im Zuge des Zivilisationsprozesses (vgl. Kapitel V) ist nach Nietzsche eine Mittelmäßigkeit in allen Belangen, ein Rückzug der menschlichen Natur. Der »Dieser Imperativ der Heerden-Furchtsamkeit« (Nietzsche KSA 5: 121) zur Beseitigung möglicher Angstquellen ist so gesehen die Ursache aller ethischen Varianten. Aus der Sicht der Gattung Mensch verhindern Religionen und Moralphilosophien eine Höherentwicklung, weil sie als »Religion für Leidende« alle natürlichen Wertschätzungen, »die ganze Liebe zum Irdischen und zur Herrschaft über die Erde« (alle Zitate Nietzsche KSA 5: 81f.) umwerten und alles – auch das, was eventuell durch natürliche Selektion aussterben würde – im Leben erhalten wollen. Unbefähigte Menschen etwa werden mit Hilfe dieser Religionen auf Kosten der Kunst des Befehlens in die Lage des Regierens versetzt. Die gegenwärtigen Befehlshaber und Gesetzgeber sind nur noch Nachkommen dieser »Heerden-Menschen« und keine »wahren« Befehlenden. Der Ursprung aller repräsentativen Verfahren ist der Versuch, solche wahren Befehlshaber durch Addition einiger Herdenmenschen zu ersetzen.

Was aber folgt aus dieser Erkenntnis? Nietzsches (KSA 3: 480f.) Antwort ist: »Gott ist todt! Gott bleibt todt! Und wir haben ihn getödtet!« Der berühmte Satz vom Tod Gottes artikuliert den Verlust der Wirkungsmacht des christlichen Glaubens. Das Christentum kann nach dem bisher Gesagten nicht mehr als Orientierungspunkt individueller oder kollektiver Lebensgestaltung dienen: Der »Tod Gottes« drückt eine völlige Säkularisierung aus, denn Gott ist tot, weil *jeder* Glaube und Gehorsam an eine transzendentale Macht verloren gegangen ist. Mit dem Aufdecken der menschlichen Ursprünge christlich-moralischer Anschauungen hat Nietzsche jeder Religion und Moral den Boden entzogen.

Zunächst droht der Verlust der positiven Wirkungen des Christentums, etwa der Disziplinierung der Massen, für die Religionen bekanntlich opiate Wirkungen haben. Der Gefahr, in die Barbarei zurückzufallen oder Ersatzgöttern zu erliegen (z.B. durch einen Glauben an ein vom Menschen unabhängig wirkendes Gesetz, Wissenschaftsgläubigkeit etc.), entgeht nur derjenige, der zu der Einsicht gefunden hat, dass Gott nicht nur tot ist, sondern auch *bleibt*. Nietzsche hat mit seiner Erklärung zum Tode Gottes alle Wertsetzungen in eine Relativität gestürzt, die sich nun lediglich noch historisch – meist durch menschliche Machtmotive veranlasst – in immer wieder neu formierten Rangordnungen der Werte verfestigen lassen.

Nietzsche betont besonders die historische Kontingenz der Kriterien für den Wert einer Handlung: Was früher moralisch war, kann heute unmoralisch sein. Im vormoralischen Stadium wurde der Wert einer Handlung durch deren Folge angezeigt; mit Kant wurde in der moralischen Periode die Herkunft bzw. die Absicht zum Kriterium für den Handlungswert. Das von Nietzsche erstrebte außermoralische Zeitalter bemisst gerade in dem, was nicht-absichtlich an einer Handlung ist, den entscheidenden Wert, denn das Ich des Menschen kann ja – wie sich schon in Nietzsches erkenntnistheoretischen Überlegungen zeigte – nicht als Letztbegründung dienen. Geht man zudem davon aus, dass selbst absichtliches Schaden-Zufügen noch moralisch genannt wird, wenn es dem Selbsterhaltungszweck dient, also etwa in Notwehr, dann können nach Nietzsche alle Handlungen als moralisch gut erklärt werden, denn »in irgend einem Sinne handelt es sich immer um Selbsterhaltung« (Nietzsche KSA 2: 99).

Für Nietzsche gibt es nur eine Ausnahme des Relativen: das Leben. Dieses ist aber keine feste Größe, sondern im stetigen Werden begriffen, wodurch es selbst als absolute Größe dem Perspektivischen unterliegt (siehe Nietzsche KSA 5: 12; KSA 2: 36f.). All unser Handeln und Erkennen ist ein beständiges Fließen, in dem es keine Gegensätze, sondern nur Grade und Abstufungen gibt. Alle menschlich wirkenden Kräfte – das gesamte Triebpotential und alle organischen Funktionen – lassen sich aus dem »Willen zur Macht« erklären, der im Wesentlichen mit dem Leben identisch ist. Man kann den Willen zur Macht daher als eine innere Kraft verstehen, die auf die Erzeugung des freien Individuums angelegt ist; eine Art energetische Instanz zur Entfaltung des individuellen Potentials.

Eng verbunden mit dem Leben ist die Vorstellung der »Ewigen Wiederkehr des Gleichen«, die sich (1) auf das Leben an sich, d.h. auf das ewig wiederkehrende Leben bezieht. Insgesamt bewirken Apollo (das Schöpferische, klar Umgrenzte) und Dionysos (Zerstörung, Rausch) zusammen eine nicht zu durchbrechende Kontinuität des Lebens, die Nietzsche aufgrund einer Übermacht des Apollinischen gestört sieht. Deshalb verbindet Nietzsche Erlösungshoffnungen mit Dionysos als kommenden Gott, der die apollinische Einhaltung von Grenzen aufsprengt und das Leben wieder seinem ursprünglichen Rhythmus zuführt. Eine weitere Interpretation der »Ewigen Wiederkehr des Gleichen« liefert Nietzsche (2) mit der Forderung, jede Handlung der Frage zu unterstellen: »[W]illst Du dies noch einmal und noch unzählige Male?« (Nietzsche KSA 3: 570) Diese Frage richtet man an sich selbst und ausschließlich für sich selbst.

Die Verbindung beider Auslegungen der »Ewigen Wiederkehr des Gleichen« wird durch den von Nietzsche geforderten starken Selbstbezug des Individuums hergestellt. Die Frage, ob man etwas noch mal und unzählige weitere Male will, erhält vor dem Hintergrund eines ewig wiederkehrenden Lebens höchst individuelle Relevanz: Jede Handlung fällt auf das Individuum zurück und legt ihm mit der Wiederholung alles Dagewesenen eine unausweichliche Verantwortung für sich selbst auf, was auch bedeutet, das Apollinische und Dionysische möglichst im Einklang zu halten. Der Gesamtcharakter des Daseins erklärt sich somit durch die Beziehung des »Willens zur Macht« mit der »Ewigen Wiederkehr des Gleichen«: Beide zusammen führen zu einem permanent über sich hinaus strebenden Leben und treiben es an: Die Individualität des Lebens wird in einem fortlaufenden Prozess auf die Spitze getrieben. Dies muss in den Augen traditionaler Moralvorstellungen unmoralisch erscheinen, denn das so verstandene Leben beinhaltet »Aneignung, Verletzung, Überwältigung des Fremden und Schwächeren, Unterdrückung, Härte, Aufzwängung eigener Formen, Einverleibung und mindestens, mildestens, Ausbeutung« (Nietzsche KSA 5: 207). Der von religiösen Traditionen, vom Herkommen befreite Mensch ist polyphon, regellos und der traditionalen Moralvorstellung nach aufgrund dieser Freiheit unsittlich. Wie aber kann der Mensch in einer derart haltlosen Welt leben? Die Antwort ist: Er selbst kann zum Schaffenden werden!

Die Fähigkeit des Schaffens ist in jedem Menschen mehr oder weniger angelegt. Jeder Mensch ist Schöpfer und Geschöpf zugleich. Wie aber kann der Mensch selbst zum Schaffenden werden, wenn es keine Freiheit des Willens und der Gedanken gibt? Der Weg, der aus dem Dilemma herausführt, wird durch den letzten Teil der Aussage: »Gott ist todt! Gott bleibt todt! Und wir haben ihn getödtet!« aufgezeigt: Der Mensch selbst ist der »Täter«, der Gott durch seinen Unglauben getötet hat. Dies ist aber nur möglich, wenn verstanden worden ist, dass Gott und alles damit Verbundene selbst Menschenwerk waren. Indem der Mensch die Gottesvorstellung zerstört, vernichtet er sein eigenes Werk, und es wird ihm durch die Reflexion dieses Vorgangs sein eigenes Schöpfungspotential bewusst!

Jede vorgegebene Ordnung der Welt, die ihre unveränderliche Gültigkeit aus einem transzendenten Medium ableitet, ist mit Gottes Tod ebenfalls zerstört worden. So bleibt allein der Mensch in seinen Weltbezügen übrig. Nur er selbst kann sich eine moralische Verbindlichkeit auferlegen (siehe Gerhardt 1992: 39ff.): Der Mensch ist der Schaffende, indem er den Weg zum Reich der Moral selbst findet und zu seinem eigenen Interpreten wird. Das sich selbst als Wert setzende, erkennende, wert-schöpfende Individuum hat nicht nur die Unhaltbarkeit von Moral und Religion eingesehen, sondern kann sich auch von dem metaphysischen Bedürfnis nach einem Selbst- und Weltverständnis gebenden Absoluten befreien – der Nietzscheanische »Übermensch« ist geboren. Selbstverantwortung beinhaltet nicht nur den Entwurf eines identitätstiftenden, individuellen Selbstplans, sondern enthält auch normative Selbstvorgaben: Die Regeln für das eigene Verhalten werden durch das individuell entworfene Selbstbild und die Beziehungen zu den Mitmenschen auf der Basis eigener Wertsetzungen festgestellt. Das Individuum ordnet und organisiert die Welt für sich selbst durch selektives Kategorisieren von Bedeutsamem und Unbedeutsamem – hier treffen sich das Foucault'sche Prinzip der Selbstsorge (Kapitel IV/2) sowie das Simmel'sche Individuelle Gesetz (Kapitel III).

Der Übermensch steht bei Nietzsche als Symbol für einen möglichen zukünftigen Begriff des Menschen: Er ist das, was der Mensch heute für seine Vorfahren, den Affen, ist (siehe Nietzsche KSA 4: 14f.). Der Übermensch hat den Tod Gottes erkannt und sich von allen moralischen, religiösen und metaphysischen Bindungen gelöst. Nietzsche gibt damit jedoch kein fest fixiertes Ziel der menschlichen Geschichte vor. Der Übermensch zieht aus seiner Einmaligkeit seine eigene Weltdeutung und folgt seiner

Verantwortung beinhaltenden Bestimmung gemäß Nietzsches Appell: »Wir aber wollen die werden, die wir sind.« (Nietzsche KSA 3: 563)

Man kann Nietzsches Übermenschbegriff nicht oft genug vor falschen ideologischen Vereinnahmungen in Schutz nehmen. Als Leser des 21. Jahrhunderts muss man sich bewusst machen, was Nietzsche glaubt, als Erster erkannt und in aller Deutlichkeit ausgesprochen zu haben: in welcher Boden- und Haltlosigkeit er den Menschen nach dem »Tod Gottes« wiedergefunden hat, wenn mit diesem Tod das Fehlen jeglicher übergreifender Wahrheits- und Wertesysteme zusammenfällt. Der Mensch hat zum Übermenschen keine Alternative! Der Übermensch darf nicht als germanischer Heros gedacht werden, sondern eher als artistische Kunstfigur, die im *Presto* und *Allegrissimo* romanischer Sprachen zu Hause ist. Er ist das letztmögliche metaphysische Prinzip, wenn der Mensch nicht mehr von Gott, vom Absoluten, von einer kosmischen Wahrheit her definiert werden kann und erst recht nicht von einer naturgegebenen Natürlichkeit her (so naiv wie einige »Zurück zur Natur«-Vertreter der Gegenwart war Nietzsche nicht). Der Mensch muss durch sich selbst immer »über« sich selbst hinaus definiert werden, ohne gleichzeitig in Perspektivismus und Dogmatismus zu verfallen. Nietzsches selbstherrliche und pathetische Sprache rührt nun auch daher, dass er sich nahezu ohnmächtig fühlt angesichts der »Heerdenmenschen«, die diese Tatsachen übersehen und weiterhin an Gott, die Wissenschaft, den Staat etc. glauben.[22] Der Mensch ist nicht mehr eingebettet in eine feste Weltordnung, die es nur noch zu entdecken und zu erkennen gilt. Gerade dieses Eingebettet-Sein ist eine Dimension, die im Begriff des Menschen bis zum »Zeitpunkt Nietzsche« aber immer mitgedacht wurde. Wenn es nun keine Einbettung mehr gibt, dann gibt es den althergebrachten Menschen nicht mehr – nur noch im Modus des letzten Menschen. Von nun an gilt: »Der Mensch ist ein Seil, geknüpft zwischen Tier und Übermensch, – ein Seil über einem Abgrund.« (Nietzsche KSA 4: 16)

Wie in dieser Gesellschaft soziale Ordnung konkret entstehen kann, lässt Nietzsche offen (siehe Marti 1993). Diese Frage stellt sich ihm angesichts einer Übermacht der Massenmenschen, die

die freie Entwicklung von Übermenschen in sozialen Zwängen ersticken, nicht. Dringender ist es für ihn, die Abgründigkeit des Menschen in der Metapher des Übermenschen endgültig zu diskursiver Gültigkeit zu bringen. Sein Ansatz vertraut auf die Fähigkeit des Menschen, eigene Werte zu schaffen. Dies ist der Kern seines normativen Individualismus – der bis heute nachwirkt. Man erkennt dies an jenen Anschauungen, die auch gegenwärtig noch im Individualismus die Chance auf eine moralische Gesellschaftsverfassung sehen.

Im Gegensatz zum normativen Holismus, der sich anerkennend an überindividuellen Einheiten wie Nationen, Klassen, Staaten, »Rassen« orientiert, verlegt ein solch normativer Individualismus alles Werten in das Individuum selbst. Ein weiteres Beispiel dafür ist die oben bereits angesprochene »Postmoderne Ethik« (Bauman 1995a), deren Konzept von Individualismus sich darin ausdrückt, dass das Individuum als grundlegend moralisch verstanden wird und in diesem Moralisch-Sein nicht behindert werden sollte: Das Individuum ist moralisch in seiner ursprünglich individuellen Existenz. Freies moralisches Handeln ist hier also ein Pleonasmus, denn bei einem frei handelnden Menschen würde sich seine »natürliche« Moralität, sein wie die biologischen Triebe verankerter »Moralischer Impuls«, unmittelbar zeigen. Der freie Mensch ist moralisch.

Mit dieser Ethik ist nun genau jener »Kult des Individuums« perfektioniert, den bereits Durkheim diagnostiziert hatte. Nach dem Wegfall der Religion im Sinne des Diktums Nietzsches »Gott ist tot« glaubt Durkheim den innerweltlichen Ersatz dieses transzendentalen Trägers im Individuum zu finden: Das Individuum nimmt für ihn in der säkularisierten, arbeitsteiligen Gesellschaft den Platz Gottes ein. Schon in »Über soziale Arbeitsteilung« hat Durkheim seine strukturtheoretische Argumentationslinie religionssoziologisch mit dem Hinweis auf einen moralischen Individualismus ergänzt. Der »Kult des Individuums« wird aus seiner Sicht in der modernen Gesellschaft zum weltlichen Substitut religiöser Moral erklärt: »In der Tat ist es eines der Hauptaxiome unserer Moral (man könnte sogar sagen, das Hauptaxiom), dass die menschliche Person heilig ist. Sie hat das Recht auf den Respekt, den der Gläubige aller Religionen seinem Gott vorbehält.« (Durkheim 1999: 153f.)

Mit diesem Prozess ist verbunden, dass beim aufgewerteten, nun gewollten Individuum Forderungen nach neuen Rechten laut werden. Unter anderem wird eine immer größere Unabhängigkeit von gesellschaftlichen Zwängen und damit auch eine immer größere moralische Autonomie gefordert. Dies muss nach Durkheim in der modernen Gesellschaft zu einer Rationalisierung der Moral führen. Das Individuum wird aus den Fesseln traditional-religiöser Moralvorstellungen entlassen, um nun die modernen moralischen Regeln mit Verstand und einem freien Urteil zu befolgen. Durkheim sieht die damit einhergehende Gefahr der übermäßigen Rationalisierung: »Moralisch ist das, was für mich nützlich ist«. Was dagegen hilft, ist aufgeklärte Zustimmung – Durkheim ist der Überzeugung, dass die Spannung zwischen Zwang und Selbstbestimmung am besten überwunden werden kann, wenn die moralische Autonomie einer aufgeklärten Zustimmung entspricht, wenn die Individuen selbst den kollektiven moralischen Regeln aus Einsicht in die soziale Notwendigkeit des moralischen Zwanges zustimmen. Allerdings ist dies nicht ausreichend. Zudem müssen sie einsehen, dass moralische Regeln mit Zwang *durchgesetzt* werden müssen – hier argumentiert Durkheim soziologischer als Nietzsche, indem er die Frage nach der Möglichkeit sozialer Ordnung, die Nietzsche ausblendet (weil er wohl auf Evolution setzt), in seine moralphilosophischen Überlegungen einbezieht. Nach Durkheim stimmen die modernen Individuen beidem, dem Zwang der Moral sowie dem Zwang zur Durchsetzung der Moral, zu, wenn sie aufgeklärt und vernünftig sind und deshalb verstehen, dass sowohl die Moral als auch der Zwang aufgrund der anthropologischen Verfassung des Menschen unverzichtbar sind. Als vernünftige Wesen sehen sie, dass sie schutzlos ihren natürlichen und individuellen Trieben und Bedürfnissen ausgeliefert und ohne Chance wären, diese in ein Gleichgewicht zu bringen, wenn die Moral sie nicht zur Selbstbeherrschung zwingen würde.

Das einsichtige Individuum wird so zum Objekt religiöser Erfahrung in einer nicht-religiösen Welt. Die Entfaltung der Kraft seiner Heiligkeit geschieht als Effekt der Praxis gemeinsamer

Handlungen von Individuen, sie vollzieht sich in der Erfahrung der Ekstase des Kollektivs. Das Besondere des »Kultes des Individuums« ist bei Durkheim die permanente Verknüpfung, ja die Gleichsetzung des alltäglichen Bezugsrahmens mit der Ekstase-Erfahrung: Ekstase – auch kollektive – wird höchst individuell und praktisch alltäglich gelebt, und das entscheidende Attribut der Situation ist das Individuum selbst. Wichtig ist: Die beteiligten Individuen merken selbst nicht, dass sie in ihren »ganz normalen« praktischen Handlungen den Wert des Individualismus verwirklichen und daher mit einer moralischen Individualität behaftet sind. Wie kann man sich das vorstellen? Und wo geschieht das, wo sind die Rituale, die kollektive Ekstase, zu finden?

Beispielsweise im Konsum! Der Konsument ist der Individualist *par excellence*. Schon die alltäglichsten Produkte spiegeln wider, dass man den Einzelnen, das Individuum, will: z.B. die Fernbedienung, in der Qualitäten wie maximales Vergnügen auf Knopfdruck, Dominanz des Ich, totale Kontrolle bei maximaler Bequemlichkeit (steigerbar durch »Meta-Fernbedienungen«, die mehrere Geräte zugleich befehligen) realisiert werden. Die Rituale der Werbung hämmern uns zudem allgegenwärtig die Relevanz der Produkte zur Herstellung von Individualität ein: »Marlboro«, »Levis 501«, »Bounty« oder »Gillette« führen uns beispielhaft vor, wie das ideale Ich auszusehen hat. »Ich will so bleiben wie ich bin« ist kein Motto, das von Nietzsche (»Wir aber wollen die werden, die wir sind«) ausgegeben wurde, sondern ein Werbespruch für kalorienreduzierte »Du darfst«-Lebensmittel.

»Du darfst« ist als Produkt zudem äußerst interessant, weil es den Werbestrategen damit gelungen ist, sozial (vor allem wirtschaftlich) erwünschte Disziplinierung als Individualitätsbeschleuniger zu verkaufen. Kalorienreduzierung in einer von Unmäßigkeit geprägten Lebensmittelwelt bedeutet nämlich zuallererst Disziplinierung. Weil das kalorienreichste Element – das Fett – zudem als Geschmacksverstärker Genuss und damit auch Lust verspricht (in Österreich bedeutet »geil« sowohl fett als auch exzessiv sexuell aktiv zu sein), widerspricht ein kalorienreduziertes Lebensmittel eigentlich der individuellen Erlebnisorientierung (vgl. Schulze 1992). Zudem gelten fette Körper als unerotisch, nicht dem zeitgenössischen Körperideal entsprechend, eventuell sogar als abstoßend. Die Werbung für »Du darfst«-Produkte schafft nun den Spagat zwischen individuellen (nahezu biologischen) Bedürfnissen und den sozialen Vorstellungen des perfekten Ichs durch Vermittlung eines Weltbildes, das Fettleibigkeit ablehnt und zugleich Genuss verspricht: Der Außenzwang der Disziplinierung wird in eine Innenoption transformiert (»Du darfst«, nicht »Du musst«); versprochen wird »Halbe Kalorien, voller Genuss«, ein Anhalten der Zeit (so bleiben, wie man ist), kombiniert mit narzisstisch-elitären Signalen. Als Verkaufsstrategie scheint das Ansprechen des im Konsum ausgelebten Individualismus erfolgreich zu sein, bleibt das entsprechende Unternehmen doch bei dieser Strategie. Änderungen erfolgen höchstens graduell in Richtung einer leichten Steigerung in den Werbe-Slogans von »Ich will so bleiben wie ich bin« aus dem Jahr 1978 zu »Verlieb Dich neu. In Dich.« aus dem Jahr 2007.

Konsum kann damit als Schmiermittel zwischen Freiheit und Zwang verstanden werden. Wenn prinzipiell für jeden Konsumenten ein eigenes Produkt angepriesen wird, dann ist nicht mehr das Bedürfnis der Auszeichnung vor Anderen die entscheidende Motivation menschlichen Handelns, wie noch Veblen (2000) mit seiner »Theorie der feinen Leute« geglaubt hatte. An die Stelle demonstrativen Konsumverhaltens zur Symbolisierung ökonomischer Potenz rückt die Selbstauszeichnung durch »verborgenen Konsum«: Nicht-sichtbare Tätowierungen oder Piercings, besondere Unterwäsche oder der »Waschbrettbauch« als (im Alltag unsichtbare) Konsumprodukte ersetzen den heutzutage vielfach als angeberisch empfundenen demonstrativen Konsum. Die sinnliche Wahrnehmung als Stimulationsmittel weicht der Zuwendung zu Emotionen. Konsumprodukte entfalten sich zu Genuss bringenden Tagträumen von der eigenen Individualität. Wenn Konsumprodukte innenorientierte, individuelle Bedürfnisse nicht befriedigen können, wird dieses Versagen nicht den Anbietern zugeschrieben, denn die Leistung des Einzelnen besteht in der richtigen Handlungsselektion entsprechend des individuellen Befindens. Durch Anpassung im Kauf zeichnet man sich individuell aus.

Mit der Wendung von der Außen- zur Innenorientierung (siehe Schulze 1992: 249ff.) wird heute zugleich – quasi unbemerkt – der symbolische Gehalt im Sinne des von Durkheim (1981) untersuchten Totemismus auf konsumtive Prestigeobjekte übertragen – nicht als Luxus, sondern unabdingbar zur Fortsetzung des modernen Individualismus. Dem Konsumobjekt kommt eine heraldische Funktion zu, sofern es »nicht nur bestimmte praktisch-nützliche Funktionen materialisiert, sondern [...] dem Individuum dazu dient, sich in anschaulich-gegenständlicher Weise als das zu entwerfen, zu imaginieren und zu artikulieren, was es zu sein beansprucht« (Heubach 1992: 178). Hier ist die Schnittstelle vom sorgfältig inszenierten zum gewollten Individuum (vgl. Kapitel IV).

Der »Kult des Individuums« wird somit immer mehr in das immanente Bewusstsein der Konsumenten geführt, während das zivilreligiöse, transzendentale Moment dieses moralischen Kultes in Vergessenheit gerät: Der *Kult* des Individuums weicht dem Kult des *Individuums*. Die pure Gewöhnung an ein Leben mit dem »Kult des Individuums« kann das quasi-religiöse Fundament in Vergessenheit geraten lassen. Es entsteht mit der Zeit ein sehr stabiles Institutionenvertrauen schlicht durch institutionelles Gelingen, das als Leistungsfähigkeit wahrgenommen wird. Man könnte fast schon meinen, der Bestimmungsgrund des Handelns entspreche damit heute einem traditionalen Handeln, »ganz und gar an der Grenze und oft jenseits dessen, was man ein ›sinnhaft‹ orientiertes Handeln überhaupt nennen kann. Denn es ist oft nur ein dumpfes, in der Richtung der einmal eingelebten Einstellungen ablaufendes Reagieren auf gewohnte Reize.« (Weber 1976: 33) Einerseits hat sich damit die von Nietzsche bevorzugte »vornehme Herren-Moral« (siehe Nietzsche KSA 5: 208ff.) durchgesetzt, insofern man das Diktum des Vornehmen als Für-sich-sein-Wollen, Anders-sein-Können, Auf-eigene-Faust-leben-Müssen auslegt. Der vornehme Mensch sieht sich als wertbestimmend, ohne auf externe Bewertungen zurückzugreifen. Dass er dabei andererseits die perfekte Umsetzungsmaschine eines Wertes – Individualismus – ist, bleibt ihm allerdings verborgen.

2. Der eigene Gott in der Weltrisikogesellschaft (Ulrich Beck)

Man kann nun mit Ulrich Beck (2008) einen Schritt weitergehen und die Totalbeseitigung aller religiösen Strebungen bei Nietzsche relativieren, ohne dessen Grundgedanken zu verlassen. Mit der Unterscheidung von Religion und Religiosität macht Beck (ebd.: 70f.) deutlich, dass zwar der institutionalisierte Komplex der Religion an Bedeutung verloren hat – mit Nietzsche könnte man auch sagen, dass der Kirchen-Gott getötet wurde. Es bleibt aber immer noch die subjektive Dimension des Religiösen, die in der Gegenwartsgesellschaft, bei Beck als »reflexive Moderne« charakterisiert, verstärkt gefordert wird. Das Stichwort zur Beschreibung dessen, was die reflexive Moderne für den strukturellen Wandel bedeutet, ist *Kosmopolitismus*. Dieser Begriff hat bei Beck verschiedene Bedeutungen, von denen eine die mit der (Welt-)Risikogesellschaft (Beck 1986, 2007) einhergehende De-Nationalisierung bezeichnet. Gemeint ist damit, dass z.B. aufgrund globaler Risiken, tatsächlich und symbolisch mit dem Reaktorunfall von Tschernobyl charakterisiert, die Unterteilung in nationalstaatliche Grenzen immer weniger zur Beschreibung des Problems und zur Evaluation von Lösungswegen angemessen ist.[23] Bezogen auf Religion bedeutet dies, dass auch diese immer weniger in regionalen Grenzen geglaubt und praktiziert wird. Der Islam etwa wird auch in Europa gelebt. Wenn es aber keine[24] strukturellen Rückbindungen von Religion, keine nationalen Notwendigkeiten des Beitritts zu einer bestimmten Religion mehr gibt, dann kann der Glaube nur noch an die »Autorität des religiösen Selbst« (Beck 2008: 111) rückgebunden werden.

Wiederum wird der Grundprozess des Raus und Rein, den wir mit Nietzsche bereits fundiert haben, in aller Deutlichkeit sichtbar: raus aus den nationalstaatlich verfassten, religiösen Strukturen, rein in einen globalen Kosmopolitismus, der die Individuen als Letztanker religiösen Glaubens übrig lässt. Im Prinzip bedeutet dies die Radikalisierung von Religionsfreiheit (als modernes Prinzip) und zugleich die Aufhebung der Einheit der Differenz von Religion und Religiosität. Aus dieser Einheit wird man entlassen und eingebettet in neue Glaubensformen, wobei die alten

Formen, z.B. Katholizismus und Protestantismus, als Alternativen bestehen bleiben. Entscheiden, wie und in welcher Form die Individuen ihren Glauben leben (oder nicht), ob streng traditional (als Option!) oder im Rahmen einer selbstgebastelten Glaubensmelange, müssen die Individuen inkrementalistisch selbst. Deshalb ist die Kirchgangshäufigkeit kein guter Indikator zur Messung von Religiosität mehr. Behält man die Einheit der Differenz von Religion und Religiosität weiter im Blick, erscheinen die Individuen als Gläubige und Ungläubige zugleich (ebd.: 164).[25]

»Das entscheidende, zweifelnde Individuum wird zur Kirche, wird zum Hüter Gottes und des Glaubens – die Kirche dagegen wandelt sich zur Häresie.« (Ebd.: 25) »Der Eigene Gott« ist die verbleibende Option in (westlichen, vor allem europäischen) Gesellschaften, die den Individuen ein hohes Maß an Multioptionierung und Kontingenz überantworten. »Säkularisierung« bedeutet in diesen Regionen, dass die institutionellen Bindungen zugunsten des Zwangs zurücktreten, ggf. (und wenn überhaupt, dann) »nichts als Religion zu werden«. Organisierte Kirchengemeinschaften und kirchliche Autoritäten schwinden, nicht aber die Relevanz religiöser Fragen im Leben der Menschen. Beck (ebd.: 109) bezeichnet dies auch als »Individualisierung Zwei«. »Individualisierung Eins« ging noch von einem Heraustreten aus der Allmacht der Kirche aus, hinein in eine Selbstverantwortung *vor Gott*. Die göttlichen Anweisungen diktierten folglich nicht mehr das komplette Leben, sondern dieses musste selbst gestaltet werden, wobei die göttliche Anweisung noch den Rahmen bot, sofern etwa im Protestantismus das asketisch betriebene Leben figurieren kann, dass man doch vielleicht zu den letztlich Auserwählten gehört. Nun also wird man, getragen von der Philosophie Nietzsches, aus diesem Religionsrahmen entlassen und muss sich sein eigener Gott sein. Da, anders formuliert, der *Wert* des Individualismus – Beck (ebd.: 123) spricht auch von Individualisierung als »institutionalisierte Moral« – immer mehr Geltung erhält, kann man auch sagen, dass das Individuum immer mehr gewollt wird: Man *will*, weil man es als wünschenswert erachtet, die religiöse Freiheit des Einzelnen. Dieser Teil einer umfassenderen Konzeption des Wünschenswerten, die man »Sozialkultur« nennen könnte (vgl. Münch 1986, 1995), will das Individuum als freien

Entscheider und Praktiker in religiösen Bezügen. Diese Individualisierung hat denn auch nichts mit Egoismus zu tun (Beck 2008: 123ff.), da es sich um ein Wollen handelt, welches durch das »Kollektivbewusstsein« (Durkheim) getragen wird.

Möglicherweise muss man dies für die Gegenwart allerdings dahingehend modifizieren, dass der zeitgenössische Individualismus, wie oben am Beispiel des Konsums gezeigt wurde, eher unbewusst wirkt, so dass man vielleicht besser von einem »Kollektiv*un*bewusstsein« spricht. Im Prinzip haben wir es mit der Paradoxie der modernen Anweisung: »Tu was Du willst!« zu tun, denn in dem Augenblick, in dem wir der Anweisung folgen, tun wir nicht, was *wir* wollen, sondern was Andere von uns fordern. Die »Entfaltung« der Paradoxie des »Tu was Du willst!« erfolgt nun, so unsere These, durch Selbstverständlichkeit. Die sich verselbständigende Wertverwirklichung des »Kultes des Individuums« wird selbstverständlich gelebt und zugleich sein Fundament – die Anweisung – in den Hintergrund gedrängt. Während Durkheim etwa noch von einer *bewussten* Freisetzung ausging (»Wir befreien uns immer mehr von der Abhängigkeit, in der wir den Dingen gegenüber waren; und das ist uns bewusst«, Durkheim 1973: 160), kann man gegenwärtig eine *unbewusste* Wertverwirklichung des modernen Individualismus erkennen. Genau deshalb nimmt man heutzutage nicht selten diese Freisetzungen als derart obligat wahr, dass sie schon wieder als beengend empfunden werden – was für eine Last, sich entscheiden zu müssen! Genau das ist das Ergebnis der Studie von Bellah et al.: Die »Gewohnheiten des Herzens« sind sprachlos. Sprachlosigkeit ist die Basis der zeitgenössischen Wertverwirklichung des Individualismus.

Insgesamt kann man die von der soziologischen Systemtheorie konstatierte Belanglosigkeit von Werten in zweierlei Hinsicht ergänzen: Zum einen scheint ein gewisser Individualismus als Wert notwendig, aber nicht hinreichend für die sozialen Prozesse. Dass man so gesehen das Individuum will, bedeutet nicht, dass dieses Individuum mehr ist als der energetische Träger sozialer Ereignisse. Wie Hedström (2008: 47) es formuliert: Würden wir alle Individuen zeitgleich einfrieren, würde das Soziale wohl zum

Erliegen kommen. Selbiges gilt selbstverständlich auch für andere, ebenso notwendige Bedingungen des Sozialen (Luft, Erdanziehung, Sonnenbestrahlung usw.). Dies liegt noch auf der Linie der systemtheoretischen Denkweise, in der dem als psychisches System verstandenen Individuum ja auch ein für soziale Systeme notwendiger und prominenter Theorieplatz *außerhalb* der Kommunikationsoperationen zukommt. Zum anderen könnte man vermuten, dass die Systemtheorie der Selbstverständlichkeit dieses Wertes durch Verselbständigung auf den Leim gegangen ist und deshalb die Relevanz des Wertes Individualismus nicht erkennt. Der systemische Charakter der Religion verdeckt vielleicht die Sicht auf die Religiosität, die von den Individuen selbstverständlich und oft genug unreflektiert, z.B. in der Ekstase des Konsums, praktiziert wird.

Wenn man an dieser Stelle einen gedanklichen Schritt weiter gehen würde, fände man sich in der Gesellschaft wohltradierter Kulturkritik wieder. Die konsumfeindlichen Streitschriften bildungsbürgerlicher und linker Couleur füllen ganze Regale und stemmen sich vehement gegen die Substitution des religiösen und revolutionären Vakuums durch Konsum. Es ist das Verdienst von Norbert Bolz, diesen Spieß mal umgedreht zu haben. »Das konsumistische Manifest« (Bolz 2002) versucht herauszuarbeiten, wie gerade im Konsum offene Gesellschaften zwangsläufig pazifiziert werden. Seine These geht von der Feststellung aus, dass der religiöse, islamistische Fundamentalismus der Gegenwart ein »Antiamerikanismus« ist, in dem sich der Hass »gegen die Lebensform des westlichen Konsumismus« (ebd.: 9) konkretisiert. So gesehen ist es nach Bolz an der Zeit, über die »zivilisatorischen Effekte« des Marktsystems nachzudenken, statt die immer gleiche Kulturkritik linker und rechter Prägung zu wiederholen, die nur »sentimentale Schwarzbücher des Kapitalismus« (ebd.: 14) fabriziere. Da sich in den Marktmechanismen eine Moral aus der »Evolution der Kooperation« herausbilden kann – als Chance, nicht als Notwendigkeit –, wird von Bolz viel Hoffnung in die »Konsumbürgerlichkeit« gelegt: »Der Konsumismus ist das Immunsystem der Weltgesellschaft gegen den Virus der fanatischen Religionen.« (Ebd.: 16) Global betrachtet führt der Konsumismus als immunologische Maßnahme zur Abkühlung überhitzter Gemüter. Im übersättigten säkularen Kontext westlicher Wohlfahrtsgesellschaften beinhaltet der Konsumismus in seiner Grundfunktion der Hervorbringung des Immer-Neuen vitalistische Funktionen, die sich auch neurologisch herleiten lassen: »Langeweile ist der Feind des Gehirns. Deshalb brauchen wir Sport, Hobbies, Sex, Drogen und Musik. Und von der Neurologie zur Soziologie ist es dann nur ein Schritt: Die Grunddynamik des modernen Lebens ist die Flucht vor der Langeweile. Aus der Sackgasse, in die uns das Bedürfnis nach Komfort gesteuert hat, kann uns nur die Stimulation des Neuen befreien.« (Ebd.: 95) Zum einen wird man damit auf einen menschengeschichtlich einmaligen luxuriösen Zustand verwiesen (siehe dazu noch Kapitel IX). Zum anderen treffen sich im Bolz'schen Konsumismus Beck und Nietzsche: »Was Not tut, wenn der Glaube schwindet, ist Stil, das heißt der Entwurf einer Ethik als Ästhetik der Existenz.« (Ebd.: 96) Der Übermensch eingebettet im Kaufrausch! »*[S]elf-fashioning*. Gemeint ist damit, dass Existenzfragen heute ästhetisch behandelt werden. Das Leben wird zum Stoff eines Kunstwerks; es ist ein permanenter Selbstversuch, der den Konsum als hohe Kunst betrachtet. Viele dieser Konsumfähigkeiten muss man übrigens erlernen: etwa Lesen, Tennis, Surfen, Austern essen – das sind *consumption skills*.« (Ebd.: 96) Die strukturelle Ideologiefreiheit des Konsumismus macht ihn in Zeiten globaler Terror- und Anti-Terror-Attacken wenigstens bedenkenswert. Vor allem auch dann, wenn im Individuum vom Übermenschen nicht mehr übrig bleibt als *consumption skills* und *self-fashioning*.

Was bleibt für die Individuen, die um all das wahrscheinlich nicht wissen, übrig? Sie müssen es, kurz gesagt, ausbaden. Dass sie nicht mehr rational entscheiden und auf vormoderne Identitätskonstruktionen bauen können, haben wir gezeigt (Kapitel VI). Entscheiden und eine Identität behaupten *müssen* sie trotzdem immer wieder!

VIII. Das Restrisiko-Individuum der Reflexiven Moderne

Vermutlich ist Ulrich Beck derjenige Autor, der den Grundprozess der Individualisierung bezogen auf soziale Strukturen (disembedding/embedding) am deutlichsten in den Kontext seiner Zeitdiagnose, der »reflexiven Moderne«, gestellt hat – wobei die Kosmopolitisierung als Basis der Veränderungen zum einen das »gewollte Individuum« hervorbringt (siehe oben). Wenn man nun konkreter die Auswirkungen für die Individuen betrachtet, kann man diesen gegenwartsdiagnostischen Rahmen etwas genauer ausleuchten: die der reflexiven Modernisierung geschuldete »Welt-Risikogesellschaft« (Beck 2007).

1. Individualisierung in der Reflexiven Modernisierung (Ulrich Beck)

Allgemein kann man sagen, dass »reflexive Modernisierung« den Mechanismus der Veränderungen der zeitgenössischen Gesellschaft beschreibt. Die Theorie setzt dabei auf *Reflexivität* als Hauptmoment der Gesellschaftsentwicklung – Beck geht davon aus, dass die moderne Gesellschaft an einen Punkt gekommen ist, an dem sie sich mit den von ihr selbst initiierten Dynamiken konfrontiert sieht: Die moderne Gesellschaft (»Erste Moderne«) hat Dinge in Gang gesetzt, deren Konsequenzen nun auf die Gesellschaft zurückfallen (»Zweite Moderne«). Die aktuelle moderne Gesellschaft muss sich mit den selbstgeschaffenen Problemen beschäftigen und stößt dabei mit den etablierten Problemlösungen an ihre Grenzen. Sofern die Moderne nach anderen Lösungen sucht und nicht einfach fatalistisch ausharrt, modernisiert sie sich selbst. Anders formuliert: Die moderne Gesellschaft *im*plodiert, »ihre Basisprinzipien, Grundunterscheidungen und Schlüsselinstitutionen lösen sich im Zuge radikaler Modernisierung von innen her auf« (Beck/Bonß/Lau 2001: 11f.). Die Veränderungen werden zum einen auf sozialstruktureller Ebene sichtbar, etwa anhand des Wandels politischer oder familiarer institutioneller Vorgaben. Zum anderen ändern sich aber auch die Vorgaben für den Wandel selbst, d.h. die leitenden Ideen und basalen Grundunterscheidungen für sozialen Wandel in der modernen Gesellschaft haben sich umformt, weshalb Beck auch von einem »Meta-Wandel« spricht.

Angetrieben wird die reflexive Moderne durch Transintentionalitäten, in diesem Fall durch unerwartete und sowohl erwünschte wie unerwünschte gesellschaftliche Nebenfolgen (vgl. Kron 2003). So heben z.B. die Nebenfolgen des marktwirtschaftlichen Geschehens, sofern sich dessen Logik fortsetzt, national- und sozialstaatliche Grenzen auf.[43] Sich derart den eigenen Boden entziehend, müssen für den Rechtsstaat, den Sozialstaat oder die parlamentarische Demokratie genauso neue institutionelle und Handlungsregeln gefunden werden wie für »tief eingeschliffene Muster von Normalbiographie, Normalarbeit und Normalfamilie«. (Beck/Bonß/Lau 2001: 19) Oder nehmen wir als Beispiel den medizinischen Fortschritt, der ja durchaus positiv als Sieg der Moderne bewertet werden kann. Eine Folge besserer medizinischer Versorgung ist eine Verlängerung der durchschnittlichen Lebenszeit, was etwa zu einer Dysfunktionalität des Rentensystems beiträgt. Man erkennt: Die Durchsetzung eines Basisprinzips der Ersten Moderne (medizinischer Fortschritt) löst eine moderne Institution (Rente) auf, für die es noch kein funktionales Äquivalent gibt. Ergo: Es ist die »Dominanz von nicht-intendierten *Nebenfolgen* technisch-ökonomischer und kulturell-politischer Neuerungen im globalen Kapitalismus, der auf diese Weise seine eigenen gesellschaftlichen Grundlagen revolutioniert« (Beck/Bonß/Lau 2001: 19).

In zeitlicher Perspektive unterscheidet Beck in diesem Wandel die Erste von der Zweiten Moderne. Damit ist erst einmal ausgesagt, dass die sich neu abzeichnende Gesellschaftsform *nicht* über die Moderne hinausgeht, die Moderne nicht *de*-strukturiert. Vielmehr *re*-strukturiert sich die moderne Gesellschaft. Dies ist aber nicht gedacht als einfache und lineare Weiter-so-Modernisierung, sondern geht einher mit nicht-linearen Diskontinuitäten und Umbrüchen. Angedeutet ist damit in der strukturellen Dimension wiederum der Grundprozess des Raus (aus vormaligen, traditionalen Strukturen) und Rein (in neuartige, re-strukturierte Formationen). Strukturell gesehen bedeutet Individualisierung für Beck die Herauslösung aus den Strukturen der Industriegesellschaft, also aus ständisch geprägten Sozialmilieus und klassenkulturellen Lebensformen, und die Hineinversetzung in eine vor allem ökonomisch diktierte Gesellschaft. Diese macht die freigesetzten Individuen arbeitsmarktabhängig – Beck (1986: 131) spricht auch von einer »Arbeitsmarkt-Individualisierung« – »und *damit* bildungsabhängig, konsumabhängig, abhängig von sozialrechtlichen Regelungen und Versorgungen, von Verkehrsplanungen, Konsumangeboten, Möglichkeiten und Moden in der medizinischen, psychologischen und pädagogischen Beratung und Betreuung« (ebd.: 119; ebenso 210). So sehr sich diese Standardisierungsformen als Optionen tarnen, wird deutlich, dass Individualisierung selbst ein Zwang ist und nicht auf freien Entscheidungen zur Individualisierung beruht (Beck 1993a: 152; Beck/Beck-Gernsheim 1990: 14), denn diese »wird zur fortgeschrittensten Form markt-, rechts-, bildungs-usw. -abhängiger Vergesellschaftung« (Beck 1986: 210). Aus dem Blickwinkel der Akteure heraus formuliert »wird der kontinuierliche Fluss des Lebens transformiert in eine Serie von Situationen, in denen jeweils andere administrative Bedingungen gelten« (Mayer/Müller 1994: 281), was wiederum besonders für die einzelnen Phasen der gesellschaftlichen Organisation der Erwerbsarbeit gilt (Kohli 1994). Ausdruck findet dieser Zwang auch im Imperativ der Selbstverwirklichung, der den einzelnen Individuen kulturell als zu Wertschätzendes vorgegeben wird (Beck/Beck-Gernsheim 1990: 75). Hier wird die enge Verknüpfung zum »gewollten Individuum« (siehe Kapitel VII) deutlich.

Neu in der Zweiten Moderne ist nun, dass diese Nebenfolgen als solche *anerkannt* werden, wobei die Anerkennung, manchmal schon in einem vorwegeilenden Modernisierungsgehorsam prospektiv antizipiert, an sich schon zu strukturellem Wandel führen kann. Beispielsweise führt erst die US-amerikanische Anerkennung von Al-Qaida als Kriegsgegner – und nicht als Kriminelle – zu einem Wandel, etwa hinsichtlich der Einschätzung von Sicherheit, internationaler Politik und Bürgerrechten, der nicht durch die reine Anzahl der Opfer vom 11.09.2001 plausibel gemacht werden kann. Nur selten hebeln sich diese Anerkennungsvorwegnahmen als selbst-widerlegende Prophezeiungen aus, wie man sich das etwa für ökologische Probleme wünschen würde. Die Anerkennung der Folgeprobleme wird deutlich, wenn diese nicht als abweichende Variationen, sondern als Konsequenzen aus regulären gesellschaftlichen Operationen begriffen werden. Dann werden Zusammenbrüche, Krisen, Ambiguitäten und Ambivalenzen nicht als gelegentliche Zuspitzungen, als Ausnahmen begriffen, sondern als »permanente Funktion des Systems«.[44]

Mit der Anerkennung, für die vor allem die *weltöffentliche Reflexion* qua Massenmedien sorgt, erhalten sie eine Bedeutung, d.h. sie werden wortwörtlich Sinn-voll und dementsprechend institutionalisiert und praktiziert. Dieser qualitative Wandel der Wahrnehmung sozialer Ordnung ist wesentlich das, was die Erste von der Zweiten Moderne unterscheidet, wobei insbesondere globale Risiken die Wahrnehmung anleiten, etwa der Klimawandel, Aids, globale Armut oder Terrorismus – Konflikte entlang der Achsen Ökonomie, Ökologie und Gewalt.

Welche Basisinstitutionen der Ersten Moderne sind diesem Wandel ausgesetzt? Welche modernen Selbstverständlichkeiten, die das Handeln der gesellschaftlichen Akteure bestimmen, hebt die moderne Gesellschaft selbst auf? Woraus werden die Akteure, dem Grundprozess der Individualisierung entsprechend, ent- und worin eingelassen? Beck bezieht sich auf sechs wesentliche Merkmale, in denen sich Zweite und Erste Moderne unterscheiden: Erstens werden Gesellschaften nicht mehr als *Nationalstaaten* gedacht. Zweitens werden die *engen strukturellen Grenzen sozialer Bindungen* aufgehoben, ein Vorgang, der im Rahmen des Individualisierungsdiskurses als »disembedding« bezeichnet wird und den Beck nun »programmatische Individualisierung« nennt. Drittens geht man nicht mehr von *Erwerbsgesellschaften* aus und verliert die damit einhergehende *Idealvorstellung von Vollbeschäftigung*. Viertens büßt man die Vorstellung von der *Natur als neutrale Ressource* ein, die man sich verfügbar machen muss und kann. Die Dynamik der Zweiten Moderne kann dabei fünftens kaum mehr durch *wissenschaftlich definierte Rationalitätskonzepte* bestimmt werden, einhergehend mit einem Verlust des Glaubens an eine prinzipiell mögliche instrumentelle *Kontrolle* von allem und jedem, wenn die Verwissenschaftlichung aller Lebensbereiche nur systematisch perfektioniert wird. Und sechstens wurde die Entwicklung der modernen Gesellschaft – der Ersten Moderne – vor allem soziologisch nach dem *Prinzip funktionaler Differenzierung* rekonstruiert, d.h. die Gewährleistung der autonomen Bearbeitung bestimmter Probleme durch dafür vorgesehene Teilsysteme erhöhte die Komplexität im Inneren als Anpassungsreaktion auf die steigende Umweltkomplexität (siehe dazu auch das »inkrementalistische Individuum« Kapitel VI) – eine Perspektive, die nach Beck ebenfalls in der reflexiven Moderne obsolet wird.

Alle genannten Merkmale hatten in der Ersten Moderne den selbstverständlichen Status quasi-naturgegebener Entitäten. Sie waren unantastbar – bis sie sich selbst enthauptet haben. Der eigentliche Epochenbruch bezieht sich, so Beck, auf die In-Frage-Stellung der Leitideen der westlichen Moderne aufgrund der durch moderne Nebenfolgen eingeleiteten Prozesse. Damit verwandelt sich die Art des sozialen Wandels selbst, denn Krisen und Umbrüche liegen an sich durchaus auf der Linie der Ersten Moderne. Man spricht überhaupt, trotz dieses »Meta-Wandels«, noch von *einer* Moderne, weil die Ideen der politischen Veränderbarkeit von Gesellschaft sowie das Prinzip der Begründbarkeit und Begründungspflicht von Entscheidungen beibehalten werden. Hier kontinuiert die Moderne in ihren Basisprinzipien, gewährleistet somit gewisse kognitiv-normative Mindestanforderungen, während bestimmte institutionelle Arrangements zerfallen. Genau deshalb gibt es keinen Bruch mit der Moderne, sondern eine »Verflechtung von Kontinuität und Bruch«.

Mit dem o.g. sechsten Punkt bezieht sich Beck auf die Leistungsfähigkeit der Soziologie, mit ihrem althergebrachten Instrumentarium die neue Situation angemessen analysieren zu können. Im Ergebnis schneidet sie eher schlecht ab, denn um Phänomene reflexiver Modernisierung angemessen erfassen zu können, müsste die Soziologie ihr methodologisches Arsenal erst einmal anpassen. Vor allem muss der sozialwissenschaftliche Begriffsrahmen modifiziert und das darauf bezogene Denken in Dualismen, Binaritäten, eineindeutigen Unterscheidungen umgestellt werden auf ein fuzzy-logisches Denken – Beck nennt dies »Kosmopolitismus« –, das die Gleichzeitigkeit von Gegensätzlichkeiten zulässt: von einem »Entweder-Oder« zu einem »Sowohl-als-Auch«. Das bedeutet nicht, dass eine Ent-Differenzierung im Sinne der *Aufhebung* von Unterscheidungen stattfindet, sondern es geht Beck darum, dass die institutionell eingelebten Duale vage werden und dies von der soziologischen Theorie bislang kaum systematisch erfasst wurde. Als mögliche Kandidaten für Unterscheidungen, die im Wandel von der Ersten zur Zweiten Moderne uneindeutig werden, sind nach Beck »Markt vs. Hierarchie«, »Fiktion vs. Realität«, »Krieg vs. Frieden«, »Leben vs. Tod«, »Wir vs. die Anderen« anzuführen. Beck nennt den für diese Vorgänge notwendigen Blick *»methodologischen Kosmopolitismus«* – im Gegensatz zum methodologischen Nationalismus der Soziologie der Ersten Moderne. Dieser betrifft auch und vor allem die »territoriale Sozialontologie des nationalen Blicks«, der auf der exklusiven Unterscheidung von Inländern/Ausländern beruht: Der Nationalstaat wird in der Ersten Moderne als Gesellschaft definierendes Element gesetzt, was logisch mit der Annahme mehrerer Gesellschaften einhergeht, da es ja mehrere Nationalstaaten gibt. Innerhalb dieses »Container-Modells« voneinander abgegrenzter Nationalstaaten erhalten sich Staat und Gesellschaft wechselseitig, denn der Staat garantiert Bürgerrechte, während die Bürger ihn mittels politischer Parteien legitimieren. Das Globale wird weiter als maximale Steigerung des Nationalen gedacht und die je eigene Gesellschaft zu der Gesellschaft generalisiert. Unterschiede zwischen Gesellschaften werden zwangsläufig entweder eingeebnet, indem man bestimmte universelle Prozesse unterstellt (wie die als McDonaldisierung fortgeschriebene Rationalisierung aller Lebensbereiche; vgl. Ritzer 1995) oder eine Unvergleichbarkeit der Differenzen behauptet – Alternativen zu diesem Entweder-Oder werden nicht gesehen. Diejenigen Sozialwissenschaftler, die mit diesem Blick forschen, können jene von Beck betonten kosmopolitischen Prozesse nicht erkennen, die auf *inklusiven* Unterscheidungen beruhen. Deshalb wird dem methodologischen Nationalismus der Sozialwissenschaft in der Theorie reflexiver Modernisierung abgeschworen.

Aber was ist die Alternative? Becks Angebot ist das eines kosmopolitischen Blicks, der etwa Nationalstaaten nicht leugnet, aber auch nicht als selbstverständlich setzt, sondern sogar ein sowohl Innen als auch Außen zulässt (weshalb »kosmopolitisch« nicht mit »international« gleichgesetzt werden kann). Als ein Beispiel für die Relevanz dieser neuen Logik kann die Grenze zwischen Leben und Tod dienen (Sellmaier 2004: 150ff.): Bei Organspenden wird eine möglichst genaue Festlegung des »Todeszeitpunktes« notwendig – und erzwingt eine Entscheidung, die das Prinzip der Lebensrettung (Organentnahme möglichst nah am Todeszeitpunkt) schnell im Widerspruch zum Prinzip des Lebensrechts (Entnahme noch nicht im Sterbeprozess) bringt. Das Hirntodkriterium erfüllt hier zwar die Vorgabe einer genauen Definition inklusive eines genauen Todeszeitpunktes, reicht aber als Kriterium alleine nicht aus, um die konzeptuelle Uneindeutigkeit des Todeszeitpunktes zu beheben – empirisch ist nicht klar, ob der Hirntod Teil des Todes oder Teil des Sterbeprozesses ist. Wer hirntot ist, ist *sowohl* tot *als auch* lebendig! Es wird sehr deutlich sichtbar, dass gerade Vagheit Entscheidungen erzwingt, denn die genannten moralischen Prinzipien der Lebensrettung und des Lebensrechts erzeugen einen Aktionsdruck – ein Nicht-Handeln wäre in jedem Fall unmoralisch. Typisch für derartige vage Entscheidungssituationen ist, dass die Uneindeutigkeit nicht durch einen Zuwachs an Wissen oder dem Erschließen weiterer Handlungsalternativen aufgehoben werden kann – und trotzdem muss man entscheiden! Damit wird klar, dass der Akteur die gesellschaftlich in die Welt gesetzten Risiken letztlich alleine auszubaden hat. *De jure* ist er frei, *de facto* hat er keine Möglichkeit, vernünftige, geschweige denn rationale Entscheidungen zu treffen. Hier treffen sich Beck und Bauman in der diagnostizierten Konsequenz, allerdings mit unterschiedlichen Argumenten, gegenwartsdiagnostisch begründet bei Bauman und methodologisch argumentiert bei Beck.

Man kann also festhalten, dass es Beck wichtig ist, der Soziologie einen »kosmopolitischen Blick« beizubringen. Dies bedeutet, einen Sinn für die Vagheit von Grenzen – einen »Grenzenlosigkeitssinn« – zu entwickeln, der offen ist für Ambivalenzen, Ambiguitäten, verschwimmende Unterscheidungen und Widersprüche, auch und gerade im Entscheidungshandeln der Akteure.

Was aber hat Kosmopolitismus mit den Risiken für die Individuen zu tun? Zunächst kann man Risiko ganz allgemein als Antizipation von Katastrophen verstehen, die, wenn sie passiert sind, einer Entscheidung zugerechnet werden. Jemand hat sich dafür entschieden, etwas zu tun (oder zu lassen), was Bedingung für das Schieflaufen ist. Von Weltrisiko wird jetzt gesprochen, weil nun globale Risiken inszeniert werden. Das bedeutet: Risiken sind nicht einfach da, sondern sie müssen definiert, erzeugt und gestaltet werden; sie sind das Ergebnis von Entscheidungen. Beispielsweise ist nicht der Terroranschlag an sich riskant, sondern das Risiko des Terrors, dem wir uns nach dem 11.09.2001 ausgesetzt sehen, ist die Folge der Definition und Inszenierung des Terrors, die mit Konsequenzen, etwa der Einschränkung von Bürgerrechten, einhergeht: Die Inszenierungen von Risiken führen zu Änderungen von Institutionen.

Inszenierungen setzen für ihren Erfolg voraus, dass sie Anerkennung finden. Die Risikodefinition ist nun aber eine Sache der Herrschaftsverhältnisse, d.h., man muss bei Risiken à la Foucault erst mal nach den Definitionsverhältnissen fragen: Wer entscheidet? Welche Art von Wissen wird zugrunde gelegt? Was gilt als Beweis? In der Ersten Moderne gab es noch eine klare Wissenshierarchie: Historisch verflochten mit den Produktionsverhältnissen war der Experte für die Risikodefinition zuständig, der sich der Laie anzuschließen hatte. Vor allem in Technik und Naturwissenschaften waren die Experten unter Ausschluss von Öffentlichkeit beheimatet. Nicht riskant war folglich, was dem »Stand der Technik« entspricht – widerlegbar nur durch den Fortschritt von Wissenschaft und Technik. Nun aber hat man es mit Inhalten zu tun, deren Risiken sich der wissenschaftlichen Berechnung widersetzen. Es geht um Risiken, bei denen die Wahrscheinlichkeitstheorie unangemessen ist, weil es eher um Möglichkeiten geht, z.B. bei der Abschätzung eines Größten-anzunehmenden-Unfalls bei Atomkraftwerken oder bei der Bemessung von Nebenfolgen, die unsichtbar sind, etwa Strahlungen. In dem Augenblick, in dem die Individuen sich immer mehr mit Ausnahmen beschäftigen müssen, die die Regel nicht bestätigen, mit Nicht-Linearitäten und Diskontinuitäten, versagt das an ein Denken in Normalverteilungen eingebundene Vorsorgeprinzip. Globale Risiken – ökologische Schäden und im möglichen Extremfall die Selbstvernichtung allen Lebens – unterminieren schlichtweg nationalstaatlich verfasste Grundlagen, weil es sich um irreparable Schäden dreht, die keine Nachsorge zulassen und raum-zeitlich unbegrenzt wirken. Kurz: Man hat die Kontrolle über die Abschätzung der Risiken verloren. Das Beispiel des transnationalen Terrorismus (vgl. Kron/Reddig 2007) macht deutlich, dass die Gesellschaft in den Zustand des Dauer-Konjunktivs versetzt wird, weil man ständig fragen muss: Was könnte als nächstes passieren? Prävention erhält die höchste Priorität nicht nur gesellschaftlich, sondern auch individuell, denn Risiko verpflichtet generell zu vorbeugendem Handeln, wenn anders als in der Industriemoderne keine kollektiv verbindlichen Risikokalküle das individuelle Handeln anleiten, flankiert von schuldunabhängig konstruierten Versicherungsleistungen als Letztgarantie für Handlungsfähigkeit auch in einer ungewissen Zukunft. Die Individuen wissen um diese Ungewissheit. Sie wissen, dass man das Unerwartete erwarten muss und Selbstverständlichkeiten nicht länger selbstverständlich sind. Trotzdem müssen sie entscheiden! Insgesamt setzen globale Risiken ein kosmopolitisches Element frei und erzwingen Kosmopolitisierung auch im Entscheidungshandeln der Einzelnen.

Seit Becks Veröffentlichung zur »Risikogesellschaft« ist die so gemeinte Individualisierung an einem nahezu klassischen Thema vielfach beschrieben worden (vgl. etwa Beck/Beck-Gernsheim 1990): Das Prinzip der Freiheit für alle – Individualismus und Universalismus – erfolgreich durchsetzend, zerfallen die Basis-Institutionen der Ersten Moderne, Ehe und Familie. Der Prozess des Raus und Rein kann hier verdeutlicht werden: raus aus den Strukturen der Industriegesellschaft, also aus ständisch geprägten Sozialmilieus und klassenkulturellen Lebensformen, und rein in neue Lebensformen, in denen das Individuum selbst in den Fokus zur Beantwortung aller seiner Lebensfragen tritt. Die traditionale Gesellschaft »zerfällt in die Entscheidung der Individuen; [...] der oder die einzelne wird zur lebensweltlichen Reproduktionseinheit des Sozialen« (Beck 1993a: 63, Herv. weggelassen; 1995: 189; 1986: 119, 209). Das bekannte Thema des Zerfalls traditioneller Familienmodelle und -rollen aus Platzgründen hier nicht weiter ausführend, wollen wir abschließend auf einige im Individualisierungsdiskurs immer wieder angeführte, mittlerweile aber weitgehend ausgeräumte Missverständnisse verweisen: So bedeutet die Freisetzung aus Klassenlagen nicht eine Aufhebung sozialer Ungleichheit. Vielmehr spricht Beck von einem »Fahrstuhleffekt«, bei dem verschiedene gesellschaftliche Gruppen möglicherweise zwar alle eine Aufwärtsbewegung im Wohlstandshochhaus zeitigen, aber nicht alle in die gleiche Etage fahren. Inzwischen wird man dies ergänzen und sagen, dass manche immer weiter hoch und andere zugleich wieder runter fahren. Zweitens werden die gesellschaftlichen Institutionen nicht durch Individualisierung aufgelöst. Im Gegenteil spricht man auch von einer »institutionalisierten Individualisierung«, wobei die Institutionalisierung, wie gesagt, vor allem mit der ökonomischen Durchdringung der Lebenswelt durch das ausdifferenzierte Wirtschaftssystem erfolgt. Der Prozess des Raus und Rein beinhaltet bei dieser strukturell argumentierenden Individualisierungsfigur Einbindungen in neue Strukturen, die standardisierend wirken. So wird Individualisierung etwa begleitet von staatlichen Standards des Lebenslaufs, z.B. sozialstaatliche Sicherungssysteme, Alterssicherung, Bildungssicherung (BAföG) usw. Gerade die in der Ersten Moderne implementierte Forderung nach einer Universalisierung des Rechts bedingt und fördert im Erfolgsfall Individualisierung.

Oder man denke an die gesellschaftliche Organisation der Arbeit: Zwar ist man nicht mehr wie früher relativ sicher an *eine* Arbeitsorganisation lebenslang gebunden, aber sowohl die Erziehung (KiTa, Kindergarten, Grundschule, weiterführende Schule), Ausbildung (Lehre, Studium), aktive Erwerbstätigkeit und Ruhestandsphase sind trotz aller Bifurkationsmöglichkeiten standardisiert vorgegeben. »›Individualisierung‹ meint erstens die Auflösung und zweitens die Ablösung industriegesellschaftlicher Lebensformen durch andere, in denen die einzelnen ihre Biographie selbst herstellen, inszenieren, zusammenflickschustern müssen. Daher der Name Individualisierung. Beides, Auf- und Ablösung, [...] erfolgt [...] unter den sozialstaatlichen Rahmenbedingungen der entwickelten industriellen Arbeitsgesellschaft, wie sie sich in vielen westlichen Industrieländern herausgebildet haben.« (Beck 1993b: 149f.)

An dieser Stelle wagen wir die These, dass mit der Unterhaltsrechtsreform von 2008 wahrscheinlich die nächste Stufe der Individualisierung der (Ehe-)Paarbeziehungen gezündet wird, denn die Ehepartner werden gemäß des Grundprozesses der Individualisierung aus den alten Versorgungsstrukturen entlassen und in neue Strukturen, wie immer diese auch aussehen mögen, eingelassen. Vor allem die Aufgabe der »nachehelichen Solidarität«, die es dem nicht erwerbstätigen Partner nach langer Ehe erlaubte, den gleichen Lebensstil wie vorher fortzusetzen, weil der Andere finanziell dafür aufkommen musste, zugunsten einer auf die Kinderversorgung ausgerichteten Rechtsprechung, stellt die Akteure vor eine neue Entscheidungssituation. Denn wer jetzt den rechtlich bindenden Staatsehevertrag eingeht, kann nicht mehr damit rechnen, ewig versorgt zu werden. Dies wird vor allem dann schwierig, wenn Kinder ins Spiel kommen – die Versorgung der Kinder legitimiert nicht nur rechtlich, sondern vor allem auch im Kollektivbewusstsein nicht mehr (oder nur partiell) eine Versorgung durch den Partner über die ersten drei Jahre des Kindes hinaus. Wer aber von den Eltern soll das Risiko der Karrierevernachlässigung diese drei Jahre lang eingehen? Wohl wissend, dass Kinder ja auch danach noch irgendwie angemessen betreut werden müssen, was oftmals aufgrund quantitativ oder/und qualitativ mangelhafter struktureller Versorgungschancen (etwa durch angemessene »Über-Mittag-Betreuungsangebote«) oftmals eine Sache der Eltern ist … Zu vermuten ist, dass sich völlig neue Beziehungsmuster entwickeln werden, die noch mehr ausschließlich auf Liebe gegründet sind, weil der materielle Versorgungsaspekt auch in Partnerschaften immer mehr den Einzelnen und immer weniger der Institution Ehe überantwortet wird.

Zusammenfassend wird bei Becks Version der Individualisierung vor allem das Raus aus traditionalen *Strukturen* und das Rein in neuartige sozialstrukturelle Gefüge deutlich. Dies wird gesellschaftstheoretisch weitergeführt und epistemologisch umgesetzt, d.h. die Individualisierung vollzieht sich zum einen im Rahmen eines gesellschaftlichen Wandels, der raus aus der Ersten und rein in die Zweite Moderne führt. Zum anderen wird dieser Wandel nach Beck nur angemessen erkannt, wenn er durch die Sichtapparatur eines methodologischen Kosmopolitismus wahrgenommen wird. Das bedeutet: raus aus der eingeschränkten dichotomischen Anschauung, die die Welt in ein Entweder-Oder teilt, und hinein in das Zulassen eines Sowohl-als-Auch, das auch ein Entweder-Oder für möglich hält. Vor allem in Becks Repliken auf die vielen Kritiken an der Individualisierungsthese verweist er immer wieder implizit auf den Grundprozess des Raus und Rein.

IX. Schlussüberlegungen – Das umschäumte Individuum bei Sloterdijk – oder die Frage, über welche Befreiung wir uns nun schon wieder täuschen

Wenn wir »Individualisierung« auf den Grundprozess des Raus und Rein reduzieren und somit klar wird, dass es Individualisierung gibt (und schon *immer* gab) und man lediglich – aber immerhin – soziologisch danach fragen kann, welche sozialen Formen es sind, von denen man sich absetzt, und welche Formen es sind, in die man eingefügt wird (mit den damit verbundenen unterschiedlichen Zeitpunkten, an denen man die Formen verankern kann), dann entpuppt sich viel vom Streit um Individualisierung als überflüssig. Wenn beispielsweise Beck Mitte der 1980er Jahre von einer Individualisierung im Vergleich zu den 1950er Jahren spricht, dann ist das nicht mit dem Hinweis darauf zu kritisieren, dass eine solche Behauptung nur möglich ist, weil die 1950er Jahre als Referenzpunkt gewählt wurden, denn diese Kritik stützt ja nur Becks Aussage – andere Referenzpunkte ergeben andere Ent- und Wiedereinbettungsmuster, selbstverständlich!

Wir haben in diesem Buch versucht, exemplarisch einige Figuren vorzustellen, die bei aller Unterschiedlichkeit in Bezug auf Individualisierung auf den Prozess des Raus und Rein rekurrieren. Tabelle 1 fasst diese noch einmal zusammen.

Tabelle 1: Theoriefiguren des Raus und Rein

Autor/ Ansatz	Raus	Rein	Grund
Beck	Raus aus den Strukturen der Industriegesellschaft, inklusive der kirchlich-institutionellen Religion	Rein in die Weltrisikogesellschaft und in eine individuelle Religiosität	Reflexive Modernisierung
Duerr	Raus aus der größeren Kontrolle über die ganze Person in geschlossenen Gruppen, die auf ziviles Verhalten hinwirkt	Rein in eine weniger direkte soziale Kontrolle der Personen, die auch »barbarische« Zustände zulässt	Gesellschaftliche Entwicklung

Elias	Raus aus »barbarischen« Zuständen	Rein in zivilisatorische Zustände	Durch Arbeitsteilung bedingte Verlängerung der Handlungsketten
Foucault/ Bauman	Raus aus der schweren Moderne mit ihrer kontrollierten Produktion von Individualität	Rein in die flüssige Moderne mit ihrer verschleierten Produktion von Individualität	Arbeitsteilung, Erhöhung der Kontrolleffizienz, neue Kontrolltechnologien
Goffman	Raus aus dem Normalen	Rein in einen Zwang zur Aufrechterhaltung der eigenen Identität sowie der Interaktionsordnung	Stigmatisierung
Mead	Raus aus der Perspektive des »signifikanten Anderen« (z.B. im »play«)	Rein in die Perspektive des »generalisierten Anderen« (z.B. im »game«)	Reflexion in sozialen Kontexten
Nietzsche	Raus aus dem »Heerdenmenschen«-Dasein	Rein in das Übermenschen-Dasein	Einsicht in die Selbstverursachung des Todes Gottes
Parsons	Raus aus der Trennung der inneren bedürfnisorientierten und äußeren umweltorientierten Seite	Rein in eine Wertmuster einverseelende Persönlichkeit durch Integration in sich erweiternde soziale Interaktionssysteme	Internalisierung während der Sozialisation durch Identifizierung
Schimank	Raus aus der religiös geprägten Identitätserzeugung mit der Möglichkeit, durch Rationalität Handlungskontingenz zu spezifizieren	Rein in eine durch reflexiven Subjektivismus behauptete Identität, die sich auf inkrementalistisches Entscheidungshandeln stützen muss	Zur-Verfügung-Stellen von Eigenkomplexität unter der Bedingung funktionaler Differenzierung inklusive Säkularisierung
Simmel	Raus aus einzelnen Guppen, einhergehend mit der Befreiung aus gesellschaftlichen Zwängen	Rein in den Schnittpunkt verschiedener sozialer Kreise und damit in mehr qualitative Unterscheidungsoptionen	Ausdehnung und quantitative Erweiterung sozialer Kreise, soziale Differenzierung
Sloterdijk	Raus aus der pränatalen bipolaren Sphäre Raus aus der Gesellschaft als aggregiertes Ganzes	Rein in eine neue Sozialsphäre (»Welt«) Rein in schaumartige Sphären	Entbindung/ Schneiden der Nabelschnur Eintritt in die Luxusgesellschaft
Systemtheorie	Raus aus der rollenzentrierten Integration in soziale Systeme	Rein in eine Exklusionsindividualität, ergänzt durch individuelle Adressierung	Funktionale Differenzierung

Man kann nun fragen, wie denn Individualisierungsvorgänge für die Gegenwart angemessen beschrieben werden können, wie man das Besondere des zeitgenössischen Prozesses des Raus und Rein in den Blick bekommt.

1. Das aktuelle Individualisierungsdrama im Schaum

Zunächst lohnt es sich festzuhalten, dass der Prozess des Raus und Rein offensichtlich derart verborgen wirkt, dass er im soziologischen Diskurs bislang kaum einer Erwähnung wert zu sein schien – und das, obwohl der Prozess des Raus und Rein Individualisierung als eine *Grundfigur mit universalem Charakter* beschreibt!

Peter Sloterdijk ist wahrscheinlich der Autor, der den Grundprozess des Raus und Rein am tiefgreifendsten anthropologisch fundiert hat (Kapitel I/1) und als erster mit dem dritten Teil seiner Sphärologie zeitdiagnostisch und metaphorisch ausdeutet: *Schaum*. Der Schaum löst den Gesellschaftsbegriff ab, sofern er verdeutlicht, dass sich die sozialen Einheiten nicht mehr zu einem Ganzen aggregieren lassen. Schäume sind Vielheiten verschiedenartiger Sphären, die durch die einzelnen Schaumzellen repräsentiert werden – bzw. platonisch gedacht: Die Schaumzellen repräsentieren Höhlen, die von Individuen mit unterschiedlichen Systematiken okkupiert werden. »Schaum« wird demnach als Metapher für Gesellschaft nicht als Ganzheit verstanden, sondern als Gefüge, in dem die Individuen weder vollkommen vergemeinschaftet noch völlig isoliert sind (Sloterdijk 2004a: 59).

Eine Möglichkeit wäre folglich, gegenwärtige Individualisierungsprozesse mit der Metapher von Sloterdijk (ebd.: 27ff.) als »Schaumgeborgenheit« zu beschreiben. Zunächst definiert Sloterdijk Schaum als »Luft an unerwarteter Stelle« innerhalb von Sphären, also als Verlust fester Substanz, womit im Zusammenhang der Individualisierung die Loslösung aus vormaligen sozialen Strukturen beschrieben ist. Schaum ist der Ausdruck »für Systeme oder Aggregate von sphärischen Nachbarschaften, in denen jede einzelne ›Zelle‹ einen selbstergänzenden Kontext bildet (umgangssprachlich: eine Welt, einen Ort), einen intimen, von dyadischen und pluripolaren Resonanzen gespannten Sinn-Raum oder einen ›Haushalt‹, der in seiner jeweils eigenen, nur von ihm und in ihm selbst erlebbaren Animation schwingt. [...] Im Schaum gilt das Prinzip der Ko-Isolation, nach dem ein und dieselbe Trennwand jeweils zwei oder mehr Sphären als Grenze dient. [...] Auch im menschlichen Feld sind die einzelnen Zellen durch reziproke Isolation, Trennungen und Immunisierungen miteinander verklebt.« (Ebd.: 55f.) Architektonisch wird die Gegenwartsindividualisierung besonders bei den »Appartementindividualisten« (Sloterdijk 2004b: 20) sichtbar, die es innerhalb dieser Sphäre schaffen, sich zu sich selbst permanent selbst wertend in Beziehung zu setzen. Alter und Ego werden in Eins gesetzt, man wählt sich selbst als den inneren Anderen, so wie dies exemplarisch die Einsiedlermönche mit ihrem beziehungsreichen Innenleben vormachen. Wenn dies möglich ist, könnte man darin eine Begründung für den »Verfall« (besser: Wandel) der Familie in der modernen Gesellschaft sehen.

Systemtheoretisch gesehen (Fuchs 1999) reagiert das Intimsystem mit seinem Code »Wir Zwei/Rest der Welt« auf die Konsequenz der polykontexturalen Verfassung des Gesellschaftlichen, den Verlust der EINS, der Einheit des Bewusstseins. Die Erfindung der Liebe ist eine der begünstigten Sozialformen als Antwort auf diesen Verlust. Die durch Kinder geschaffene Erweiterung des Intimsystems führt dann zum System Familie mit der Codierung »Wir/Rest der Welt«. Wenn nun die Individuen gegenwärtig die EINS mit einem in sich selbst imaginierten Anderen erzeugen, dann fällt das zur Intimsystembildung auffordernde Problem und der quantitative Startpunkt zum Übergang in das System Familie weg.

Die Frage ist aber selbstverständlich, ob man sich selbst als innerer Anderer (in der Einzahl) genug ist. Eine Lösung des Problems wäre, »in Abwesenheit der realen Anderen eine komplette Sozialstruktur« (Sloterdijk 2004b: 21) zu simulieren. Derartig multiple Persönlichkeiten gelten gegenwärtig allerdings als dissoziativ und medizinisch betreuungsbedürftig, so dass dieses Konzept nicht aufgeht. Eine andere, weniger in das Gesundheitssystem inkludierende Form ist das so genannte »networking«, in der die besondere Selektion von Akteuren aus dem Repertoire der tele-pathischen Masse die moderne Horde darstellt. Das bedeutet, dass die erste Umhüllung, die wir in Kapitel I beschrieben hatten, nun durch Telekommunikationstechniken ersetzt wird, die »Klanghüllen« und damit Milieus bieten, die der Einzelne als seine Weltmitte deuten kann. Tele-pathie steht damit nicht für ein esoterisches Phänomen, sondern für Integration auf Distanz. Die Inhalte sind dabei nicht entscheidend, wie der Unterschied zwischen einem laufenden und einem ausgeschalteten Fernseher verdeutlicht, der in der gleichtaktenden Beschallung, in der Erzeugung eines Rhythmus und weniger im Informationsgehalt liegt. Die Fernbedienung ermöglicht zudem ein optionales Selbsttuning. Die in den als Einzelkommunikationszellen fungierenden Appartements sitzenden Individuen werden in eine psycho-akkustische Schaumblase eingehüllt, die mit abwesenden Anderen geteilt wird. An dem in dieser Tele-Sphäre gemeinsam geteilten Abgewandtsein wird die Ko-Isolation deutlich.

Damit sind wir bei der Frage der noch möglichen sozialen Integration. Würde der Schaum sich in unverbundene Luftblasen auflösen, würde dies die totale Entfremdung der Schaumzellen vom Schaum bedeuten – schlichtweg das Zerplatzen der »Gesellschaft«. Was verklebt die Luft an den unerwarteten Stellen, so dass sie nicht beliebig entweichen kann? Was ersetzt die feste Substanz, um den Prozess des Raus und Rein zu vervollständigen? Worin besteht der Kitt der getrennten Schaumzellen? Wodurch werden sie in den Schaum eingegliedert? Oder noch anders formuliert: Was sind die zeitgenössischen Immunsysteme des Schaums, wenn man hierunter institutionalisierte Antworten auf das mögliche Zerplatzen der Schaumblasen mit dem Prinzip der Vorbeugung versteht? Schließlich ist auch die Gesellschaft ein selbsterhaltungsfähiges System, das sich den invasiven zerstörerischen Tendenzen innerhalb desselben Raums erwehren muss. Die Metapher des Schaums, so Sloterdijk, kann hier eine neue Perspektive für Integrationsnotwendigkeiten sein, die die räumlichen Qualitäten sowie den Immunsystemcharakter der sozialen Zellen beschreiben (Sloterdijk 2004a: 252). Die Schaum-Metapher liefert einen Blick für die ausdifferenzierten, aber notwendigen Bindungen an komplexe Sozialstrukturen, deren enorme Leistungsfähigkeit bei der Individualisierung immer mitgedacht werden muss, weil sie erst die nötigen Überschussressourcen für den Luxus elaborierter Individualitätstechniken bilden. Welche aktuellen Immunstrukturen sorgen also dafür, dass soziale Stabilität in liquiden Strukturen möglich ist? Sloterdijk (2004a: 309ff.) beschreibt »Inseln« – die ebenfalls wie die Schaumzellen erst durch Isolation zu dem werden, was sie sind – als derartige Immunsysteme. Diese Inseln bieten das notwendige Klima, das vor einer überbordenden Entbettung schützt und den Grundprozess vervollständigen hilft. In diese Klimata ist das Individuum eingebettet und in deren Rahmen kann es sich durch Anpassung und Abgrenzung individualisieren. Das bedeutet: Jede Schaumzelle ist als Anthroposphäre, als ein mehrdimensionaler Raum bestimmbar und bietet die klimatischen Wiedereinbettungsvoraussetzungen für den Individualisierungsvorgang. Folgende Dimensionen binden die individualisierten Akteure in der Gesellschaft aneinander (siehe ausführlich ebd.: 362ff.):

- *Uterotop*: Als »Matrix aller Zustandswechsel« ist die Geburt der Ausgangspunkt für die Analyse von Individualisierungsvorgängen, der deutlich werden lässt, dass Geboren-Werden nicht ausreicht, sondern Menschen auch zur Welt kommen müssen. D.h., es muss dem Neu-Geborenen sofort eine Welt zur Verfügung stehen, mit allen notwendigen Dingen. Oder: Die unvergleichliche Höhle verlassend, werden andere Substitute benötigt. Aus der Umwelt des Neu-Geborenen muss sehr rasch dessen Welt werden, sonst – und davon zeugen eindeutig die Fälle der Kindstötung durch unterlassene Hilfeleistung – wird das Neu-Geborene sterben. Man muss *in Kooperation* ein gemeinsames Innen im gemeinsamen Außen errichten. Dies verweist auf die Notwendigkeit von Loslösung *und* Wiedereinbindung schon zu Beginn des Menschwerdungsprozesses.
- *Thermatop*: Damit ist gemeint, dass der Mensch ein »Wohlfühlgefühl am eigenen Ort« benötigt, eine Art Feuerstelle, die den Platz, an dem er sich befindet, zu einem Verwöhnungsraum macht. Da Feuerstellen in modernen Wohnungen unangenehme Nebenfolgen zeitigen können, hat sich eine entsprechende »Wohlfühlindustrie« entwickelt, die den Individuen

dabei hilft, sich es z.B. innerhalb der eigenen vier Wände (oder auch im Auto) so behaglich wie möglich zu machen – inklusive künstlicher Feuerstellen (z.B. Kamine) als Option. IKEA ist vielleicht der zeitgenössische Prototyp des thermatopischen Versorgers.

- *Phonotop*: Gemeint ist die akustische Erfahrung, dass Orte nach ihren Bewohnern klingen, z.B. Kinderstimmen einer Familie oder Baumarkt-Ansagen. »Die frühe Menscheninsel ist in eine psychoakustische Glocke eingehüllt wie eine musikanimierte Einkaufszone im Advent.« (Sloterdijk 2004a: 377) Auch die zeitgenössische Gesellschaft bietet akustische Autosuggestionen an – perfektioniert durch die Audio-Massenkultur –, die den individualisierten Akteur bindet, indem sie ihn in eine Soundgemeinschaft einbindet, z.B. durch Volksmusik, Popmusik, Fahrstuhlmusik etc. Man grenzt sich akustisch ein und alles andere aus. Dies ist das akustische Immunsystem, das die gesellschaftliche Gemeinschaft kontinuierlich einstimmt und dabei zugleich in der Lage ist, durch Dauerbeschallung die Aufmerksamkeit für andere Informationen und Neuheiten zu minimieren.[43]
- *Chirotop*: Die Dinge sind be-greifbar, denn immer ist zum Überleben notwendiges Zeug vorhanden, das man anfassen kann: Spiel-Zeug, Schlag-Zeug, Näh-Zeug, Bohr-Zeug, Koch-Zeug, Ankleide-Zeug etc. Dieses Zeug schafft u.a. die Fähigkeit zum Handeln in Distanz (paradigmatisch beim Wurf-Zeug), d.h. es ermöglicht »polychirurgische Teamarbeit« (Arbeitsteilung, Spezialisierung) und damit die Voraussetzung für Individualisierung. Ohne Zeug keine Individualisierung.
- *Erotop*: In dieser Dimension wird das erotische Begehren als Paradigma für die Stimulation und Kontrolle des Zusammenlebens über den affektiven Wettbewerb gesehen. Dazu gehört auch das Begehren nach dem, was Andere besitzen. Dies wird zeitgenössisch durch eine nahezu schrankenlose Deregulierung des Erotops im Konsum befriedigt und im Markt auf Dauer gestellt (Sloterdijk 2004a: 411).
- *Ergotop*: Mit dieser Dimension wird betont, dass auch eine posttraditionale, individualistische Gemeinschaft eine Verteilung der Aufgabenlasten benötigt (Anstrengungsgemein-

schaft). Die soziale Synthesis wird hier durch synchronisierte Bewegungen geschaffen, wie es sich am radikalsten vielleicht in der Organisation einer Galeere ausdrückt, die nur durch koordinierte muskuläre Zusammenarbeit vorwärts kommt. Die Gleichtaktung der Anstrengungen wirkt auch in der modernen Gesellschaft als Erleichterung und schafft Platz für Individuelles. Dies hat paradigmatisch die Love Parade vorgeführt (wie bei einer Galeere in Kombination mit der Dimension des Phonotops, wobei der trommelnde Taktgeber durch Techno ersetzt worden ist; vgl. Hitzler 1998; Hitzler/Pfadenhauer 1998).

- *Alethotop*: Menschen benötigen einen Ort, an dem Dinge offensichtlich und somit sagbar bzw. abbildbar werden. Dort gibt es Orientierung über das, was wahr und was falsch ist, und damit ein wichtiges Element zur Ausbildung der für Handlungsfähigkeit notwendigen Erwartungssicherheit. Im Alethotop wird Bewährtes gespeichert und Unbrauchbares ausgeschieden. In der modernen Gesellschaft dürften vor allem die Wissenschaft und der Journalismus diese Funktionen übernehmen.
- *Thanatop*: Da man (gerade in der Moderne) von Abwesendem immer mehr betroffen ist (man denke nur an die zunehmend längeren Handlungsketten, die immer mehr Transintentionalitäten bedingen), bietet das Thanatop einen »Ort des Göttlichen«, eine »Heimsuchungszone«, in der die Bewältigung des Abwesenden geleistet wird. Offensichtlich ist z.B. der Kult, Tote in geordneter Weise zu repräsentieren, also das Bestattungswesen und selbstverständlich sämtliche religiöse Zulaufstätten.
- *Nomotop*: Ähnlich wie Talcott Parsons sieht Sloterdijk die menschliche Verfassung an einen voluntaristisch basierten normativen Bezugsrahmen gebunden, der allerdings – weniger Parsons und mehr in Richtung Erving Goffmans Interaktionsordnungen denkend – alltäglich selbsterzeugt wird (Sloterdijk 2004a: 468f.). Als empirisches Beispiel führt Sloterdijk (ebd.: 469) die Fahrpläne der Deutschen Bundesbahn an, »die von empirischen Verspätungen unberührt im evangelischen Abfahrts-Gelb und Ankunfts-Weiß an den Bahnhöfen aufge-

stellt sind, durch gläserne Kästen geschützt und bei Nacht beleuchtet, wie um zu bezeugen, dass der Bestand der Welt von der Ehrfurcht des Eisenbahners vor den Minuten abhängt. Dieses Bekenntnis zur Pünktlichkeit hat nichts mit Sekundärtugenden zu tun; es ist ein abgekühlter Reflex der metaphysischen Überzeugung, dass hinter jeder Tatsache eine Vorschrift steht und unter jeder Vorschrift der Stempel einer höheren Weisheit.« Derartige lokale Regelspannungen sind notwendig für die soziale Statik, wenn man an einsturzsicheren Gebäuden (an nicht-ambiguenten Erwartungsstrukturen) interessiert ist, wie Sloterdijk detailreich in Analogie zur Architektur verdeutlicht. Daran ändert sich auch nichts durch das (post-)moderne Streben, die »Hausordnung« ausschließlich als Ergebnis eines selbstorganisierten Optimierungsprozesses verstanden wissen zu wollen. Ohne eine »chronische Zugspannung« würde auch eine postmoderne Gesellschaft nicht funktionieren.

Damit sind die Dimensionen aufgeführt, die in der modernen Gesellschaft dafür Sorge tragen, dass die Individuen zwar immer entbettet, zugleich aber eingegliedert sind. Mit diesen insulären Dimensionen kann man Ent- und Wiedereinbettungen – das Raus und Rein – auf einem so hohen Komplexitätsniveau beschreiben, das notwendig ist, um jene gesellschaftliche Komplexität einzufangen, die gegenwärtig zu Individualisierungen führt. Vor allem vermeidet man, weil jede Dimension graduell anwendbar ist, in die Komplexitätsreduktionsfalle der Binarisierung und Dichotomisierung zu tappen. Anders formuliert wird die Gesellschaft als Schaum anhand dieser neun Dimensionen als ein Hyper-Kubus modellierbar und damit formalisierbar (siehe Kosko 1995: 45ff.). Jede Zelle im Schaum kann als Mikro-Insulation verstanden werden, die ein Muster dieser Dimensionen in sich trägt. Die soziologische Frage wäre dann, wie die Dimensionen für den sozial typischen Akteur empirisch aufgespannt sind; schließlich können diese auch sehr dicht werden und den Menschen bis zur Bewegungsunfähigkeit einschäumen. Der Schaum trägt die Individualisierungsdynamik des Raus und Rein in sich, ohne »Entfremdung« auszuschließen. Denn angedeutet ist ja, dass Schaumblasen sich vom Schaum abtrennen können – bis hin zum Zerplatzen. Wie auch immer, eine vollständige soziologische Anwendung der Sloterdijk'schen Sphärologie auf die Analyse der Gegenwartsgesellschaft steht noch aus und kann hier auch nicht geleistet werden, aber es sollte die Möglichkeit einer Beschreibung von Individualisierungsprozessen, die dynamische Dialektik und Entfremdung von vornherein integriert, deutlich geworden sein.

2. Individualisierung als Befreiungsillusion?

Zum Schluss möchten wir kurz einen Gedanken ausführen, der sowohl die allgemeine Selbstbeschreibung in der Gesellschaft mittels Individualisierung als auch die zeitgenössische Form dieser Selbstbeschreibung betrifft: Wir gehen davon aus, dass sich Individualisierungsfiguren und -diskurse dadurch unterscheiden lassen, wie hoch der *Grad der Befreiungsillusion* ist. Nach dem Grundprozess des Raus und Rein wird jede »Befreiung« durch eine »Wiedereinbettung« erkauft, allerdings variiert der Grad, zu dem diese Wiedereinbettung bemerkt (bzw. ignoriert) wird.

Bei den oben vorgestellten Argumentationsfiguren ist dies zum Teil schon implizit deutlich geworden: So enthält der Geburtsvorgang bereits die Illusion des Zurweltkommens eines singulären Kindes, das nicht als wiedereingebettet vorgestellt wird, weil man schlichtweg die vorherige Einbettung in die soziale Dyade ignoriert (Kapitel I). Man wähnt das Kind befreit aus der pränatalen Vereinzelung, hineingeholt in den familiaren Verbund. Ähnlich unterliegt man der Illusion der Befreiung aus barbarischen Zeiten und wähnt sich zivilisiert (Kapitel V). Man glaubt an eine Befreiung des Individuums aus sozial produzierten, panoptischen Disziplinarsystemen und sieht nicht, wie diese durch flüssigere Verfahren ersetzt worden sind (Kapitel IV). Man sieht sich befreit aus traditionalen religiösen Handlungsorientierungen und -vorschriften und bemerkt nicht, wie sehr man der Religiosität des Individualismus aufsitzt (Kapitel VII).

An dieser Stelle hat die Soziologie Aufklärung über die eigenen Illusionen in Individualisierungsprozessen anzubieten. Wenn wir in diesem Sinne nach der *aktuellen* Befreiungs- (oder Emanzipations-)Illusion fragen, dann können wir als Ausgangsbasis die Feststellung von Beck (1986: 27) nehmen, dass die zeitgenössische Individualisierung nur möglich ist, da an die Stelle des Hungers die »Probleme der dicken Bäuche« und die damit verbundenen institutionellen Verdauungs- und Diätensysteme treten. In den Alltag meist als technische Erfindungen überführte wissenschaftliche Erfolge – das Gesundheitswesen, wohlfahrtsstaatliche Absicherungssysteme, Integration immer breiterer Bevölkerungsschichten in die Erwerbsarbeit; das Versicherungswesen usw. führen zu einer ungewöhnlichen Konzentration auf den Einzelnen. »Die Synergie der progressiven Faktoren erzeugte eine Lage, in der die Einzelnen eingeladen werden, sich auf ungewohnte Weise ernst zu nehmen. [...] Das soziale Feld platzt auf, um Zehntausende von Bühnen für die Auftritte von individualisierten Ambitionen zu schaffen.« (Sloterdijk 2004a: 68f.) Das Hauptereignis, das Sloterdijk (ebd.: 679) hinter diesen Symptomen sieht, ist der »Ausbruch der modernen ›Gesellschaft‹ aus den Wirklichkeitsdefinitionen des Weltalters materieller Armut und ihrer spirituellen Kompensationen«. Anders formuliert kann man zur Kenntnis nehmen, dass es in der ganzen Menschheitsgeschichte wohl keine Gesellschaft gab, die wie die westlich-moderne ihre Mitglieder derart mit materiellen Gütern versorgen kann. Dies bedeutet nicht, dass auch die Gesellschaft sich selbst als derartig gut versorgt beschreibt. Sloterdijk (ebd.: 681) geht vielmehr davon aus, dass »die von sich selbst nicht überzeugte ›Gesellschaft im Überfluss‹ scharf eingestellte Mangel-Optiken [benutzt], um sich selbst zu beobachten«. Es mangelt peinlicherweise an Mangel, so dass man umso genauer hinschaut, an welchen Stellen man ihn vielleicht dennoch entdecken könnte. Dieses von Sloterdijk auch als »Mangel-Heuchelei« bezeichnete Selbstbeschreibungsformular wird wissenschaftlich fundiert, am stärksten wohl in der Anthropologie Arnold Gehlens (1940, 1956, 1961) und seiner Vision des Menschen als Mängelwesen (aber natürlich auch in anderen Wissenschaftsfeldern). Wir müssen die Kritik daran hier nicht wiederholen (siehe etwa Popitz 1995; Sloterdijk 2004a: 699ff.). Sloterdijk verankert den Luxus als anthropologische Eigenschaft des Menschen, woraus eine »konstitutive

Unmöglichkeit, arm zu sein« (Sloterdijk 2004b: 23), folgt. Bewahrt man den Armutsbegriff für die menschliche Ausstattung, sind Menschen niemals arm, auch wenn es ihnen aktuell an lebensnotwendigen Ressourcen mangeln sollte. Insgesamt sind die entscheidenden Kulturleistungen nach Sloterdijk im Laufe der Geschichte zunehmend aus einem Überschuss und nicht aus einem Mangel heraus gebildet worden.

Die zeitgenössische Individualisierungs-Illusion könnte demnach lauten, dass man sich allmählich von dem Schweren und Notwendigen befreit (so ja auch Bauman 2003), dass man von dem Realen und Notwendigen immer mehr Distanz gewinnt (Sloterdijk 2004a: 694f.). Die sphärologische Manifestation dieser Distanzierung fasst Sloterdijk unter den Begriff des Auftriebs, der die in Leichtsinn und Langeweile sich äußernden Loslösungen veranschaulicht, sichtbar gemacht anhand der Luft- und Raumfahrt, die den irdischen Körpern Weltdistanz und Schwerelosigkeit ermöglicht. Die Moderne – dieses »Vielkammersystem mit Auftriebszellen« (ebd.: 723) – hat die Not durch selbstgewählte Anstrengungen ersetzt. Dies ist die Form, in die es nun rein geht: Das Spiel ersetzt die Arbeit, weil die Sinnüberschüsse ja irgendwie verarbeitet werden müssen. Diese Neueinbettung wird gegenwärtig kaum zur Kenntnis genommen, weil schon die Befreiung kaum gesehen wird, wenn man die Arbeit im und beim Spiel betont, etwa im Sport. Diese Arbeit, die nicht mehr einer Not geschuldet ist, soll auf Not verweisen, z.B. wird die Arbeit im Fitness-Center beim 45-minütigen Spinning auf die figürliche oder gesundheitliche Not zurückgeführt. Die Rationalitätsfiktion des gesunden Sports (Schimank 2006, 2005: 384ff.) beruht auf einer Not, die vorgeblich entsteht, wenn man keinen Sport betreibt – die Not des Übergewichts etwa, um die man auch gegenwärtig von vielen Milliarden Menschen auf der Welt beneidet werden dürfte.

Zusammengefasst ist die Gegenwartsgesellschaft eine Verwöhngesellschaft, in der »Freiheit bedeutet, den Egoismus der Anderen bejahen zu können« (Sloterdijk 2004a: 807). Zusammengehalten wird dieses System u.a. durch die Problemfiktion des Mangels: »Die objektive Verwöhnung, die das System im Friedensbetrieb vorantreibt, wird subjektiv auf einer breiten Klaviatur der Sorge vertont.« (Ebd.: 808) Hier deutet sich an, in welche Richtung der weitere Individualisierungsprozess laufen könnte: raus aus der Mangelillusion, hinein in die Akzeptanz von Verwöhnung, Erleichterung, Entlastung und Luxus. »Man versteht die individualistische Welle vermutlich am besten, wenn man sie als eine Luxusform des In-der-Welt-Seins ansieht.« (Ebd.: 833) Konsumgesellschaft bedeutet dann, dass man sich selbst als einmaliges Angebot auffasst. Kinder sind dann z.B. einmalige und seltene Angebote aufgrund geringer Geburtenziffern, die die Eltern in einen Erziehungsluxus versetzen. Auch die Steigerung der Arbeitsproduktivität mit der damit einhergehenden sinkenden Wochenarbeitszeit überantwortet den Einzelnen viel Zeit zur Selbstaufmerksamkeit. Sexualität dient in dieser Gesellschaftsversammlung als Erregungskatalysator, d.h. Sexualität wird – mancher mag dies »barbarisch« nennen (siehe Kapitel V) – als Luxusbetätigung in den Konsum der Spaßkultur eingegliedert. Sex, vor allem, wenn er von der reproduktiven Funktion abgekoppelt werden kann, ist pure Laune inklusive Selbstbelohnung, anschlussfähig an alles, was Spiel, Spaß, Sport, Unterhaltung, Begegnung und Leidenschaft verspricht. Man muss nun nicht Bolz lesen, um festzustellen, dass es keine »natürliche Sexualharmonie« zwischen Männern und Frauen gibt. Aber man darf mit Bolz akzeptieren, welche Hilfen einem erst die konsumistische Weltordnung zur Behebung dieses Dilemmas anbietet: »Sex wird langweilig, wenn es nicht gelingt, die sexuelle Variabilität und die Komplexität der Liebesbeziehung durch ein erotisches Training zu steigern. Die entsprechenden Ratgeber über Stellungen und Techniken sind Dauerbestseller; aber man denke z.B. auch an die gewaltige Komplexitätssteigerung, die eine Liebesbeziehung durch Eifersucht erreicht.« (Bolz 2002: 134) In der konsumistischen Bewältigung von sexueller Disharmonie kann man sich wechselseitig der Liebe bezeugen.

Die Aufgabe der Soziologie wird es im Zusammenhang mit der Individualisierungsthese sein, diese nicht nur immer wieder neu zu justieren, indem man weitere, empirisch kalibrierte Argumentationsfiguren des Raus und Rein aufweist und sachliche, raumzeitliche und soziale Vertäuungspunkte für den Grundprozess darlegt. Vielmehr wird man im Sinne soziologischer Aufklärung auch mit zu analysieren haben, an welchen Stellen und wie stark man einer Befreiungsillusion aufsitzt. Die zukünftige Illusion könnte die Befreiung aus allen Nöten sein – raus aus dem Elend, hinein in ... ja, in was? Die Soziologie hat der individualisierungstheoretischen Aufklärung entdramatisierend Grenzen aufzuzeigen und ist dann im Luhmann'schen (1970) Sinne: Abklärung der Aufklärung über Individualisierung.

Anmerkungen

1 Wir bedanken uns bei denjenigen, die uns geholfen haben, ganz individuell, indem wir sie hier in alphabetischer Reihenfolge aufführen: mit ganz besonderem Engagement Pascal Berger, Timur Ergen sowie Heidi Jörges, Matthias Junge und Lars Winter.

2 In gewisser Weise schließen wir damit an die »Beziehungslehre« von Wieses (1966) an, der die Soziologie nicht nur als Prozesswissenschaft ausrichten wollte, sondern ebenfalls betont hat, dass »Prozesse des Auseinander« dazu beitragen, »Persönlichkeiten und Individualitäten aus[zu]prägen« (ebd.: 353). Dieser Prozess der Distanzierung und Näherung ist nun nicht außergewöhnlich, sondern im Gegenteil alltäglich: »Die Menschen werden durch die Geflechte des Sozialverkehrs fortwährend einander näher gerückt oder voneinander entfernt.« (Ebd.: 109) Anders formuliert benennt der Prozess des Raus und Rein einen Vorgang der »Abstandsverschiebung« und darf als solcher universal gedacht werden (vgl. ebd.: 160, §7). Dass wir wie von Wiese auf raum- bzw. sphärosoziologische Überlegungen treffen werden, ist somit kein Zufall.

3 Nach Piaget (1973) ist z.B. das sensumotorische Stadium von 0 bis 18 Monaten vor allem durch einen Egozentrismus gekennzeichnet, in dem soziale Bezüge kaum eine Rolle spielen. Auch die Entwicklungsphase der moralischen Praxis von 0 bis 24 Monaten wird als ein rein motorisches und individuelles Stadium verstanden, in dem das Kind insbesondere lernt, anhand zunehmend erlernter ritualisierter Schemata physische Verhaltensaspekte wie Gehen, Sauberkeit und die Bewältigung motorischer Programme zu kontrollieren. Für das Moralbewusstsein wird diese Zeit (von 0 bis drei Jahren) als »Vorstufe« des sich entwickelnden Moralbewusstseins gedeutet. Es handelt sich dabei um einen Individualismus, der eine Persönlichkeit bezeichnet, die »sich aus einem diffusen Gemisch von spontanen und gewohnheitsmäßigen Akten (auf)baut, die aufgrund ihrer bio-psychischen Organisation *noch jeglicher gesellschaftlicher Regulierung entbeh-*

ren und alleine nach Maßgabe der strukturimmanenten Rhythmen ablaufen – wenngleich alle Tätigkeiten zu jeder Zeit immer einer äußeren Kontrolle durch die physische und soziale Umwelt unterliegen« (Veith 1996: 463, Herv. von uns). In ähnlicher Weise zeichnet sich auch für Kohlberg (1995) die erste Stufe des »prämoralischen Entwicklungsstadiums« durch eine egozentrische Sicht der Welt aus, in der das Kind die verschiedenen Interessen und Perspektiven anderer Individuen nicht differenzieren kann und die eigene Perspektive mit der der Erwachsenenautorität vermischt. Man könnte sagen, diese Sichtweise ist individualistisch überdeterminiert und aufgrund der mangelnden Anerkennung der Bedingung für individualistische Tendenzen sozial unterdeterminiert.

4 Die Plazenta gehört *sowohl* zur Mutter *als auch* zum Kind. Man könnte somit sagen, dass hier der Ursprung des Sozialen ist, der eigentlich zur Überwindung der »binären Idiotie« (Sloterdijk 2004a: 31) anregt, des Denkens in ausschließlich binären Kategorien, das Großteile der soziologischen Theorien durchdrungen hat (Kron/Winter 2006). Geeigneter wäre eine Fuzzy-Logik des Sozialen (Beck 2004, 2007; Kron 2005b).

5 Wir werden später (Kapitel IX) noch fragen, inwiefern hinter diesem Fall in die Freiheit eine verallgemeinerbare Illusion von Freiheit steckt, denn dem Prozess des Raus (in die vorgebliche Freiheit) folgt ja immer ein Rein in Etwas. Deshalb geht das Zitat bei Sloterdijk auch ergänzend weiter: »[...] und in die Arme einer Gegenschwerkraft, die umgangssprachlich Liebe heißt«.

6 Es sei noch einmal festgehalten, dass Sprache und Kommunikation der *zweite* Schritt nach dem »Entbindungsapriori« ist, denn nicht »Sprache und Kommunikation bilden die ersten Bedingungen der Möglichkeit, dass Menschen sich zu einer gemeinsamen Welt bringen, sondern die Entbindung jedes einzelnen Individuums aus der fötalen Kommunikation mit der Mutter« (Sloterdijk 1988: 109). Dem aufmerksamen Leser wird hier auffallen, dass Sloterdijk zehn Jahre vor seinen sphärologischen Untersuchungen noch auf die

Mutter-Kind-Dyade abzielt, die dann später durch die Plazenta-Kind-Beziehung abgelöst werden wird. Trotzdem ist bereits hier die Schlussfolgerung angelegt, dass der Entbindung eine befreiende Wirkung – raus aus einem sozialen Kontext – zukommt, denn »für den Weltneuling heißt Entbundensein Entklemmung und Entgrenzung; das liefert den szenischen Prototyp aller Erfahrungen von Befreiung« (ebd.: 110). Der amerikanische Pragmatismus schließt so gesehen an das Entbindungsdrama an und liefert Überlegungen zur Wiedereinbettung des plazental Befreiten.

7 Unberücksichtigt bleibt dabei, dass auch die negative Besetzung eines Objekts, z.B. nach Gewalteinwirkung, sehr eindrücklich sein kann.

8 Die ethische Forderung des »Individuellen Gesetzes« lautet: »Kannst Du wollen, dass dieses dein Tun dein ganzes Leben bestimme?« (Simmel 1994: 235) Der einfachste Nenner, auf den man das »Individuelle Gesetz« damit zusammenfassend bringen kann, ist die »lebensphilosophische Abweisung einer *allgemeinen* Moralforderung zugunsten einer *individualisierten* Moralität« und die »Abwehr der Forderung der *Allgemeingültigkeit* ›als Bedingung des sittlichen Wertes‹« (Köhnke 1996: 490f.). Das »Individuelle Gesetz« konvergiert so mit dem qualitativen Individualismus.

9 Nach Luhmann (1993b) reagieren Individuen heute eher mit Empathie *und* Borniertheit.

10 »Es war in all diesen Jahren mein Anliegen, Anerkennung dafür zu finden, dass diese Sphäre der unmittelbaren Interaktion der analytischen Untersuchung wert ist – eine Sphäre, die man, auf der Suche nach einem treffenden Namen, *Interaktionsordnung* nennen könnte.« (Goffman 1994: 55; vgl. Knoblauch 1994)

11 Goffman (1974: 97) definiert Rituale als »mechanische, konventionalisierte Handlung, durch die ein Individuum seinen Respekt und seine Ehrerbietung für ein Objekt von höchstem Wert gegenüber diesem Objekt oder seinem Stellvertreter bezeugt«.

12 Goffman nennt als Korrekturhandlungen z.B. die Meisterung bestimmter Tätigkeiten; das Brechen der Realität, damit

eine »unkonventionelle Auffassung von der Eigenart der sozialen Identität« durchgesetzt wird; die Kooperation mit »Normalen« zur Ausnutzung der sozialen Identität der Anderen, die auf einen »überspringt«; verschiedene Formen der Informationskontrolle (Lügen, Verschweigen, Täuschen); Verwendung von Symbolen zur Kontrolle sozialer Informationen, die möglichst nicht als Stigmasymbole Bedeutung haben (geschorener Kopf, Manieren, Kleidung, Nadeleinstiche); einen »Deckmantel« zulegen (Spionage, Doppelleben), z.B. wenn man an einem Ort war, der einen diskreditiert (Bordell, Geliebte, Nervenanstalt, Kriegsort); Streuung des Risikos der Stigmatisierung (eine kleine Menge weiß um das Stigma, die große Gruppe weiß nichts); freiwillige Enthüllung des Stigmas, z.B. durch Verwendung bestimmter Stigmasymbole (Blindenbinde, Hörgerät); Kontrolle der Sichtbarkeit des Stigmas usw.

13 Freilich hat auch Goffman erkannt: »Was aus dem Blickwinkel der Einen als wünschenswerte Ordnung erscheinen mag, kann von Anderen als Ausschließung und Unterdrückung wahrgenommen werden.« (Goffman 1994: 66)

14 Oder auch bei Luhmann (1975), der den Machtbegriff zwar in gewisser Weise ähnlich wie Foucault neutralisiert, wenn er davon ausgeht, dass Macht als Medium die Handlungen von Ego wahrscheinlicher macht, wenn dieser sich dem Handeln eines mächtigen Alter ausgesetzt sieht. Neben dieser Wahrscheinlichkeitstransformation ist der Code der Macht dennoch in der Unterscheidung von Überlegene/Unterlegene zu sehen, was besonders dann schwierig wird, wenn sich kein entsprechendes Programm, keine Kriterien zur Anwendung des Codes (wie etwa Gesetze) entwickeln.

15 Freilich betont er an dieser Stelle, dass dies keine gerichtete Kausalität beinhaltet, da man ebenso die Arbeitsdisziplin als Voraussetzung für Arbeitsteilung annehmen könnte.

16 Baumans Wandel vom Postmodernisten zum Gegenwartsdiagnostiker erkennt man vielleicht an seiner Desillusionierung hinsichtlich der Wirkmächtigkeit des moralischen Impulses für die Gesellschaft. Ging er in seiner postmodernen Ethik (1995a) noch davon aus, dass das Individuum eigent-

lich von jeglichen gesellschaftlichen Regelungsbestrebungen befreit werden müsste, hat sich der Blick jetzt prinzipiell umgekehrt: Nun soll gerade die (autonome) Gesellschaft – als Voraussetzung für die Autonomie der Individuen – über die Gewährleistung des Bürgerstatus dafür sorgen, dass der Weg vom Individuum *de jure* zum Individuum *de facto* möglich ist (siehe Bauman 2003: 53). Baumans Diagnose geht so weit, dass er der gesellschaftlich verfassten Macht zugesteht, viel von ihren negativen Eigenschaften verloren, damit aber auch die positiven Gestaltungskräfte eingebüßt zu haben. Die Schlussfolgerung klingt wie eine Umkehrung der Erkenntnisse zum Holocaust und zur postmodernen Ethik: *»Jede wahre Befreiung muss heute auf ein mehr an ›öffentlicher Sphäre‹ und öffentlich gefasster Macht setzen.«* (Bauman 2003: 65) Voraussetzung für diesen Gesinnungswandel ist freilich die Erkenntnis, dass seine postmoderne Ethik kein soziologisches Konzept ist und genau daran krankt (siehe Bauman 2001: 183; Kron 2000b, 2001, 2002b; Moebius 2001).

17 Als konkretes Beispiel nennt Elias das Wirtschaftssystem mit seinen Implikationen: Diese zwängen »zu einer unaufhörlichen Rück- und Voraussicht über den Augenblick hinaus [...]; sie fordern von dem Einzelnen eine beständige Bestätigung seiner augenblicklichen Affekt- und Triebregelungen unter dem Gesichtspunkt der ferneren Wirkung seines Verhaltens; sie züchten dem einzelnen eine [...] gleichmäßige Selbstbeherrschung, die, wie ein fester Ring, sein ganzes Verhalten umfasst, und eine beständigere Regelung seiner Triebe im Sinne der gesellschaftlichen Standards.« (Elias 1976, Bd. 2: 329).

18 Eine weitere Folge der Sexualität als Konsumprodukt ist, dass vor allem der junge Körper immer weniger mit Scham besetzt wird – wenigstens so lange, bis die Sexualität älterer Menschen konsumtiv nutzbarer wird.

19 Wir wollen selbstverständlich nicht behaupten, dass Paris auf der einen und Meiwes auf der anderen Seite den gleichen Grad der Barbarisierung symbolisieren!

20 Es sind in dieser Perspektive die Akteure die handlungs*fähigen* Entitäten und die Systeme die handlungs*prägenden* Einheiten (Schimank 1985a, 1988, 1996: 204ff.).

21 Oder wie es die Kinderserie »Wickie und die starken Männer« in der Folge »Wickie und das Pferd« vermittelt, als Halvar, der Anführer der Wikinger, zu seinem Sohn Wickie sagt: »Wenn sie nicht meckert, ist sie nicht gesund«. Gemeint ist Halvars Frau, Wickies Mutter Ylva.

22 Sein Schreibstil ist wahrscheinlich auch an seine Persönlichkeit gebunden und an die Tatsache, dass er selbst noch im Geist metaphysischer Anmaßungen denkt.

23 Was nicht bedeutet, dass das Denken in scharfen Grenzen nicht in großen Teilen noch dominant ist: »*Wir alle sind Stuttgart*. Aber wir wollen es nicht wahrnehmen. Warum? Unsere Weltsicht ist *essentialistisch* bestimmt. Wir denken und handeln in klaren Kategorien von Grenzen und nationaler Staatsbürgerschaft: ein Land, ein Pass, eine nationale Identität – das ist die säkulare Version der Dreiheiligkeit. Aber genau das ist in der kosmopolitischen Konstellation falsch geworden.« (Beck 2008: 211)

24 Da es sich bei Becks Analyse um eine gegenwartsdiagnostische Trendaussage handelt, darf man »keine« nicht im Sinne eines empirischen fundierten Absolutismus verstehen. Selbstverständlich wird man empirisch Regionen finden, die eine und nur eine Religion zwingend vorschreiben. Der globale Trend geht aber in eine andere, kosmopolitische Richtung. Die Aussagen von Gegenwartsdiagnosen (als bestimmtes soziologisches Genre; vgl. Schimank 2000b) sind somit kaum durch einen Einzelfall zu falsifizieren.

25 Diese Aufhebung von scharfen Grenzen zugunsten von graduellen Abstufungen ist das methodologische Grundprinzip der Reflexiven Moderne (Beck spricht und fordert in diesem Sinne von den Sozialwissenschaften einen »methodologischen Kosmopolitismus«), das in der mathematisch-philosophisch fundierten »Fuzzy-Logik« eine präzise (als mathematische Methode), konsistente (als Logik) und praktische (als ingenieurwissenschaftliche Technik) Umsetzung findet. Siehe auch oben, Anmerkung 4.

26 Anhand der im Herbst 2008 beginnenden Weltwirtschaftskrise ist dies exemplarisch gut beobachtbar. Die im Frühjahr 2007 einsetzende – zunächst lokale – US-amerikanische Immobilienkrise, die als eine Konsequenz des modernen Wirtschaftens betrachtet werden kann, sofern die amerikanische Volkswirtschaft von der vorhergehenden Spekulationsblase profitierte, hat sich zu einer weltweiten Banken-, Finanz- und schließlich Wirtschaftskrise ausgeweitet. Die lokalen Regionen müssen nun darauf reagieren; in Deutschland wird beispielsweise diskutiert, ob und inwieweit Kürzungen der Rentenanpassungen erfolgen sollen.

27 Vgl. zu Überlegungen, dass die Gegenwartsgesellschaft kritikale Züge zeigt, Kron (2007).

28 »Die antisoziale Tendenz des Individualismus manifestiert sich in dem Verlangen, den Urlaub vom Lärm aufs ganze Jahr auszudehnen.« (Sloterdijk 2004a: 385)

Literatur

Aertsen, Jan A. (1996): Einleitung: Die Entdeckung des Individuums. In: Aertsen, Jan A./Andreas Speer (Hg.): *Individuum und Individualität im Mittelalter*. Berlin, New York: De Gruyter, IX-XVII.

Barabási, Albert-László (2004): *Linked: How Everything is Connected to Everything Else*. New York: B&T.

Bauman, Zygmunt (1989): *Moderne und Ambivalenz*. Frankfurt a.M.: Fischer.

Bauman, Zygmunt (1992): *Dialektik der Ordnung*. Hamburg: Europäische Verlagsanstalt.

Bauman, Zygmunt (1994): Moral without Ethics. In: *Theory, Culture & Society*, 11: 1-34.

Bauman, Zygmunt (1995a): *Postmoderne Ethik*. Hamburg: Hamburger Edition.

Bauman, Zygmunt (1995b): Zeit des Recycling: Das Vermeiden des Festgelegt-Seins. Fitneß als Ziel. In: *Psychologie und Gesellschaftskritik*, H. 2/3: 7-24.

Bauman, Zygmunt (1996): Gewalt – modern und postmodern. In: Miller, Max/Hans Georg Soeffner (Hg): *Modernität und Barbarei. Soziologische Zeitdiagnose am Ende des 20. Jahrhunderts*. Frankfurt a.M.: Suhrkamp, 36-67.

Bauman, Zygmunt (1997): *Flaneure, Spieler und Touristen. Essays zu postmodernen Lebensformen*. Hamburg: Hamburger Edition.

Bauman, Zygmunt (1999): *Culture as Praxis*. New Edition. London, Thousand Oaks, New Delhi: SAGE Pulications.

Bauman, Zygmunt (2000a): *Vom Nutzen der Soziologie*. Frankfurt a.M.: Suhrkamp.

Bauman, Zygmunt (2000b): Ethics of Individuals. In: Kron, Thomas (Hg.): *Individualisierung und soziologische Theorie*. Opladen: Leske + Budrich, 219-235.

Bauman, Zygmunt (2001): *The Individualized Society*. Cambridge: Polity.

Bauman, Zygmunt (2003): *Flüchtige Moderne*. Frankfurt a.M.: Suhrkamp.

Bauman, Zygmunt (2005): *Verworfenes Leben: Die Ausgegrenzten der Moderne*. Hamburg: Hamburger Edition.

Bauman, Zygmunt (2007): *Leben in der flüchtigen Moderne*. Frankfurt a.M.: Suhrkamp.

Bauman, Zygmunt (2008): *Flüchtige Zeiten. Leben in der Ungewissheit*. Hamburg: Hamburger Edition.

Beck, Ulrich (1986): *Risikogesellschaft*. Frankfurt a.M.: Suhrkamp.

Beck, Ulrich (1993a): Auflösung der Gesellschaft? Theorie gesellschaftlicher Individualisierung revisited. In: Lenzen, Dieter (Hg.): *Verbindungen*. Weinheim: Deutscher Studien-Verlag, 63-79.

Beck, Ulrich (1993b): *Die Erfindung des Politischen*. Frankfurt a.M.: Suhrkamp.

Beck, Ulrich (1995): Die »Individualisierungsdebatte«. In: Schäfers, Bernhard (Hg.): *Soziologie in Deutschland. Entwicklung. Institutionalisierung und Berufsfelder. Theoretische Perspektiven*. Opladen: Leske + Budrich, 185-197.

Beck, Ulrich (1998): Die Sozialmoral des eigenen Lebens. Ein Essay. In: Lüschen, Günther (Hg.): *Das Moralische in der Soziologie*. Opladen, Wiesbaden: Westdeutscher Verlag, 87-91.

Beck, Ulrich (2004): *Der kosmopolitische Blick oder: Krieg ist Frieden*. Frankfurt a.M.: Suhrkamp.

Beck, Ulrich (2007): *Weltrisikogesellschaft*. Frankfurt a.M.: Suhrkamp.

Beck, Ulrich (2008): *Der Eigene Gott*. Frankfurt a.M.: Suhrkamp Insel.

Beck, Ulrich/Elisabeth Beck-Gernsheim (1990): *Das ganz normale Chaos der Liebe*. Frankfurt a.M.: Suhrkamp.

Beck, Ulrich/Elisabeth Beck-Gernsheim (1994): Individualisierung in modernen Gesellschaften – Perspektiven und Kontroversen einer subjektorientierten Soziologie. In: Beck, Ulrich/ Elisabeth Beck-Gernsheim (Hg.): *Riskante Chancen. Individualisierung in modernen Gesellschaften*. Frankfurt a.M.: Suhrkamp, 10-39.

Beck, Ulrich/Peter Sopp (Hg.) (1997): *Individualisierung und Integration. Neue Konfliktlinien und neuer Integrationsmodus?* Opladen: Leske + Budrich.

Beck, Ulrich/Wolfgang Bonß/Christoph Lau (2001): Einleitung: Zwischen Erster und Zweiter Moderne. In: Beck, Ulrich/

Wolfgang Bonß (Hg.): *Die Modernisierung der Moderne*. Frankfurt a.M.: Suhrkamp, 11-59.

Beck-Gernsheim, Elisabeth (1986): Von der Liebe zur Beziehung? Veränderungen im Verhältnis von Mann und Frau in der individualisierten Gesellschaft. In: *Soziale Welt*, Sonderband 4: 209-233.

Bellah, Robert N. et al. (1987): *Gewohnheiten des Herzens. Individualismus und Gemeinsinn in der amerikanischen Gesellschaft*. Köln: Bund.

Berger, Peter A. (1996): *Individualisierung. Statusunsicherheit und Erfahrungsvielfalt*. Opladen: Westdeutscher Verlag.

Böckling, Ulrich (2003): Das demokratisierte Panoptikum. Subjektivierung und Kontrolle im 360 -Feedback. In: Honneth, Axel/Martin Saar (Hg.): Michael Foucault. *Zwischenbilanz einer Rezeption. Frankfurter Foucault-Konferenz 2001*. Frankfurt a.M.: Suhrkamp, 77-93.

Bolz, Norbert (2002): *Das Konsumistische Manifest*. München: Fink.

Buchmann, Marlis/Manuel Eisner (1997): Selbstbilder und Beziehungsideale im 20. Jahrhundert. Individualisierungsprozesse im Spiegel von Bekannschafts- und Heiratsinseraten. In: Hradil, Stefan (Hg. im Auftrag der Deutschen Gesellschaft für Soziologie): *Differenz und Integration. Die Zukunft moderner Gesellschaften. Verhandlungen des 28. Kongresses der Deutschen Gesellschaft für Soziologie in Dresden 1996*. Frankfurt a.M., New York: Campus, 343-357.

Bude, Heinz (2008): *Die Ausgeschlossenen. Das Ende vom Traum einer gerechten Gesellschaft*. München: Hanser.

Bühler-Niederberger, Doris (2003): Natürliche Räume oder Architektur der Kindheit. Die ›Verortung‹ der Kinder zwischen generationalem Ordnen und Individualisierung. In: *Neue Praxis: Zeitschrift für Sozialarbeit, Sozialpädagogik und Sozialpolitik*, H. 2: 171-187.

Burkart, Günter (1993): Individualisierung und Elternschaft – Das Beispiel USA. In: *Zeitschrift für Soziologie*, H. 3: 159-177.

Canetti, Elias (1980): *Masse und Macht*. Frankfurt a.M.: Fischer.

Duerr, Hans Peter (1988): *Nacktheit und Scham*. Frankfurt a.M.: Suhrkamp.

Duerr, Hans Peter (1990): *Intimität*. Frankfurt a.M.: Suhrkamp.

Duerr, Hans Peter (1993): *Obszönität und Gewalt*. Frankfurt a.M.: Suhrkamp.

Duerr, Hans Peter (1997): *Der erotische Leib*. Frankfurt a.M.: Suhrkamp.

Duerr, Hans Peter (2002): *Die Tatsachen des Lebens*. Frankfurt a.M.: Suhrkamp.

Dumont, Louis (1991): *Individualismus: Zur Ideologie der Moderne*. Frankfurt a.M.: Suhrkamp.

Durkheim, Émile (1973): *Erziehung, Moral und Gesellschaft*. Frankfurt a.M.: Suhrkamp.

Durkheim, Émile (1981): *Die elementaren Formen des religiösen Lebens*. Frankfurt a.M.: Suhrkamp.

Durkheim, Émile (1988): *Über soziale Arbeitsteilung*. Frankfurt a.M.: Suhrkamp.

Durkheim, Émile (1999): *Erziehung, Moral und Gesellschaft*. Frankfurt a.M.: Suhrkamp.

Edding, Cornelia/Wolfgang Kraus (Hg.) (2006): *Ist der Gruppe noch zu helfen? Gruppendynamik und Individualisierung*. Opladen: Budrich.

Ehrenberg, Alain (2008): *Das erschöpfte Selbst*. Frankfurt a.M., New York: Campus.

Elias, Norbert (1976): *Über den Prozeß der Zivilisation. 2 Bd*. Frankfurt a.M.: Suhrkamp.

Elias, Norbert (1988): *Die Gesellschaft der Individuen*. Frankfurt a.M.: Suhrkamp.

Flam, Helena (2000): *The Emotional ›Man‹ and the Problem of Collective Action*. Berlin/New York: Peter Lang.

Foucault, Michel (1974): *Die Ordnung der Dinge*. Frankfurt a.M.: Suhrkamp.

Foucault, Michel (1976): *Überwachen und Strafen. Die Geburt des Gefängnisses*. Frankfurt a.M.: Suhrkamp.

Foucault, Michel (1978): *Dispositive der Macht. Über Sexualität, Wissen und Wahrheit*. Berlin: Merve.

Foucault, Michel (1985): Freiheit und Selbstsorge. In: Becker, Helmut/Lothar Wolfstetter (Hg.): *Freiheit und Selbstsorge*. Frankfurt a.M.: Materialis, 9-28.

Foucault, Michel (2005): *Analytik der Macht.* Frankfurt a.M.: Suhrkamp.

Freud, Sigmund (1990): *Das Ich und das Es. Und andere metapsychologische Schriften.* Frankfurt a.M.: Fischer.

Friedrichs, Jürgen (Hg.) (1998): *Die Individualisierungsthese.* Opladen: Leske + Budrich.

Fuchs, Peter (1997): Adressabilität als Grundbegriff der soziologischen Systemtheorie. In: *Soziale Systeme,* H. 1: 57-79.

Fuchs, Peter (1999): *Liebe, Sex und solche Sachen. Zur Konstruktion moderner Intimsysteme.* Konstanz: UVK.

Fuchs, Peter (2000): Individualisierung im System. In: Kron, Thomas (Hg.): *Individualisierung und soziologische Theorie.* Opladen: Leske + Budrich, 69-87.

Fuchs, Peter (2006): Vom Zögling zum Formen-Topf: Das Adressenformular der Erziehung. In: *Soziale Systeme,* H. 2: 383-402.

Geffken, Rolf (2007): Gegen die schleichende Individualisierung von Arbeitnehmerrechten. In: *Arbeitsrecht im Betrieb,* H. 9: 514-519.

Gehlen, Arnold (1940): *Der Mensch. Seine Natur und seine Stellung in der Welt.* Berlin.

Gehlen, Arnold (1956): *Urmensch und Spätkultur.* Bonn.

Gehlen, Arnold (1961): *Anthropologische Forschung.* Rienbeck.

Geiger, Theodor (1967): *Die Masse und ihre Aktion. Ein Beitrag zur Soziologie der Revolution.* Stuttgart: Enke.

Gerhard, Wilfried (2007): Individualisierung, Pluralisierung, Therapeutisierung. In: Gerhard, Wilfried/Hans-Joachim Reeb (Hg.): *Transformation der Streitkräfte im Kontext sicherheitspolitischer, gesellschaftlicher und organisatorischer Veränderungen.* Bremen: Edition Temmen, 62-66.

Gerhards, Jürgen/Rolf Hackenbroch (1997): Kulturelle Modernisierung und die Entwicklung der Semantik von Vornamen. In: *Kölner Zeitschrift für Soziologie und Sozialpsychologie,* H. 3: 410-439.

Gerhardt, Volker (1992): Selbstbegründung. Nietzsches Moral der Individualität. In: *Nietzsche Studien,* H. 21: 28-49.

Giddens, Anthony (2001): *Die Frage der sozialen Ungleichheit.* Frankfurt a.M.: Suhrkamp.

Gillich, Stefan (2007): Wider die Individualisierung der Selbsthilfe: Karriere eines strapazierten Begriffs – Beispiel: Selbsthilfe Wohnungsloser. In: *Blätter der Wohlfahrtspflege*, H. 3: 111-112.

Goffman, Erving (1967): *Stigma. Über Techniken der Bewältigung beschädigter Identität*. Frankfurt a.M.: Suhrkamp.

Goffman, Erving (1969): *Wir alle spielen Theater. Die Selbstdarstellung im Alltag*. München. Piper.

Goffman, Erving (1972): *Asyle. Über die soziale Situation psychiatrischer Patienten und anderer Insassen*. Frankfurt a.M.: Suhrkamp.

Goffman, Erving (1974): *Das Individuum im öffentlichen Austausch. Mikrostudien zur öffentlichen Ordnung*. Frankfurt a.M.: Suhrkamp.

Goffman, Erving (1977): *Rahmen-Analyse. Ein Versuch über die Organisation von Alltagserfahrungen*. Frankfurt a.M.: Suhrkamp.

Goffman, Erving (1994): Die Interaktionsordnung. In: Goffman, Erving: *Interaktion und Geschlecht*. Frankfurt a.M., New York: Campus, 50-104.

Gross, Peter (1994): *Die Multioptionsgesellschaft*. Frankfurt a.M.: Suhrkamp.

Gross, Peter (1999): *Ich-Jagd*. Frankfurt a.M.: Suhrkamp.

Hasler, Michael (2008): Flexible Arbeit: Zwischen Individualisierung und Entprivatisierung. In: *ORGANISATOR*, H. 5: 22-24.

Hastedt, Heiner (1998): *Der Wert des Einzelnen. Eine Verteidigung des Individualismus*. Frankfurt a.M.: Suhrkamp.

Hedström, Peter (2008): *Anatomie des Sozialen. Über Prinzipien der Analytischen Soziologie*. Wiesbaden: VS.

Hermes, Vera (2006): Personalisierung und Individualisierung von E-Mails. Verschenktes Potenzial! In: *Direkt Marketing*, H. 7: 18-19.

Hettlage, Robert (1999): Erving Goffman. In: Kaesler, Dirk (Hg.): *Klassiker der Soziologie*. Von Talcott Parsons bis Pierre Bourdieu. Bd. 2. München: Beck, 188-205.

Heubach, Friedrich Wolfram (1992): Produkte als Bedeutungsträger: Die heraldische Funktion von Waren. In: Eisendle, Reinhard/Elfie Miklautz (Hg.): *Produktkulturen. Dynamik und Bedeutungswandel des Konsums*. Frankfurt a.M., New York: Campus, 177-197.

Hitzler, Ronald (1998): Posttraditionale Vergemeinschaftung. Über neue Formen der Sozialbindung. In: *Berliner Debatte INITIAL*, H. 1: 81-89.

Hitzler, Ronald/Anne Honer (1994): Bastelexistenz. Über subjektive Konsequenzen der Individualisierung. In: Beck, Ulrich/ Elisabeth Beck-Gernsheim (Hg.): *Riskante Freiheiten. Individualisierung in modernen Gesellschaften.* Frankfurt a.M.: Suhrkamp, 307-315.

Hitzler, Ronald/Michaela Pfadenhauer (1998): Existentielle Strategie. Zur Spaß-Politik der Technoiden. In: *Sociologia Internationalis*, H. 2: 219-239.

Hondrich, Karl Otto (1997): Wie werden wir die sozialen Zwänge los? Zur Dialektik von Kollektivisierung und Individualisierung. In: *Merkur. Deutsche Zeitschrift für europäisches Denken*, H. 574/578: 283-292.

Jacobsen, Ingrid (2005): *Privatisierung und Individualisierung von Landbesitz in großstädtischen Wohnungsbauprojekten Südafrikas – Motor lokaler Wirtschaftsaktivitäten oder Ursache zunehmender Ausgrenzungsprozesse? Das Fallbeispiel Kapstadt.* Hamburg: Selbstverlag des Institut für Geographie.

Jansen, Dorothea (1999): *Einführung in die Netzwerkanalyse.* Wiesbaden: VS.

Joas, Hans (1989): *Praktische Intersubjektivität: Die Entwicklung des Werkes von George Herbert Mead.* Frankfurt a.M.: Suhrkamp.

Joas, Hans (1992): *Die Kreativität des Handelns.* Frankfurt a.M.: Suhrkamp.

Junge, Matthias (1997): Georg Simmels Individualisierungstheorie. Eine systematische Rekonstruktion ihrer Argumentationsfiguren. In: *Sociologia Internationalis*, H. 1: 1-26.

Junge, Matthias (2002): *Individualisierung.* Frankfurt a.M., New York: Campus.

Junge, Matthias (2006): *Zygmunt Bauman: Soziologie zwischen Moderne und Flüchtiger Moderne.* Wiesbaden: VS.

Kalupner, Sibylle (2003): *Die Grenzen der Individualisierung. Handlungstheoretische Grundlagen einer Zeitdiagnose.* Frankfurt a.M., New York: Campus.

Karlsruhen, Torge (1996): Das Determinismusproblem im Individuellen Gesetz vor dem Hintergrund der Simmelschen Spätphilosophie. In: *Simmel Newsletter*, H. 2: 103-117.

Kaufmann, Jean-Claude (1994): *Schmutzige Wäsche. Zur ehelichen Konstruktion von Alltag*. Konstanz: édition discours.

Kippele, Flavia (1998): *Was heißt Individualisierung? Die Antworten soziologischer Klassiker*. Opladen, Wiesbaden: Westdeutscher Verlag.

Knoblauch, Hubert (1994): Erving Goffmans Reich der Interaktion. In: Goffman, Erving: *Interaktion und Geschlecht*. Frankfurt a.M., New York: Campus, 7-49.

Kohlberg, Lawrence (1995): *Die Psychologie der Moralentwicklung*. Frankfurt a.M.: Suhrkamp.

Kohli, Martin (1988): Normalbiographie und Individualität. Zur institutionellen Dynamik des gegenwärtigen Lebenslaufregimes. In: Brose, Hannes-Georg/Bruno Hildenbrand (Hg.): *Vom Ende des Individuums zur Individualität ohne Ende*. Opladen: Leske + Budrich: 33-53.

Kohli, Martin (1994): Institutionalisierung und Individualisierung der Erwerbsbiographie. In: Beck, Ulrich/Elisabeth Beck-Gernsheim (Hg.): *Riskante Freiheiten. Individualisierung in modernen Gesellschaften*. Frankfurt a.M.: Suhrkamp: 307-316.

Köhnke, Klaus Christian (1996): *Der junge Simmel in Theoriebeziehungen und sozialen Bewegungen*. Frankfurt a.M.: Suhrkamp.

Kopf, Albert (1988): *Der Weg des Nihilismus von Friedrich Nietzsche bis zur Atombombe*. München: Minerva.

Kosko, Bart (1995): *Fuzzy Logisch. Eine neue Art des Denkens*. Düsseldorf: Hyperion.

Kron, Thomas (Hg.) (2000a): *Individualisierung und soziologische Theorie*. Opladen: Leske + Budrich.

Kron, Thomas (2000b): Individualisierung und postmoderne Ethik. In: Kron, Thomas (Hg.): *Individualisierung und soziologische Theorie*. Opladen: Leske + Budrich, 219-239.

Kron, Thomas (2001): *Moralische Individualität*. Opladen: Leske + Budrich.

Kron, Thomas (2002a): Individualisierung – allgemeine Tendenzen und der deutsche Sonderweg. In: Volkmann, Ute/Uwe

Schimank (Hg.): Soziologische *Gegenwartsdiagnosen II.* Opladen: UTB, 257-290.

Kron, Thomas (2002b): Individualisierung und Entfremdung. Hoffnung oder Verhängnis für ethisches Handeln. In: Junge, Matthias/Thomas Kron (Hg.): *Zygmunt Bauman. Soziologie zwischen Postmoderne und Ethik.* Opladen: UTB, 303-332.

Kron, Thomas (2003): Transintentionalität – Simmel und Goffman im Vergleich. In: Greshoff, Rainer/Georg Kneer/Uwe Schimank (Hg.): *Die Transintentionalität des Sozialen. Eine vergleichende Betrachtung klassischer und moderner Sozialtheorien.* Wiesbaden: Westdeutscher Verlag, 72-107.

Kron, Thomas (2004): Ambivalenz und Entfremdung. Dialektische und abstrakte Individualisierung in soziologischen Gegenwartsdiagnosen. In: *Handlung Kultur Interpretation,* H. 2: 257-286.

Kron, Thomas (2005a): *Der komplizierte Akteur.* Münster: LIT.

Kron, Thomas (2005b): Fuzzy-Logik für die Soziologie. In: *Österreichische Zeitschrift für Soziologie,* H. 3: 51-89.

Kron, Thomas (2006): Individualisierung – von der Entbettung über die Zumutung zur Schaumgeborgenheit. In: Dollinger, Bernd (Hg.): *Individualität als Risiko. Soziale Pädagogik als Modernisierungsmanagement.* Hamburg: LIT, 97-123.

Kron, Thomas (2007): Die Physik sozialen Wandels. In: *Hamburg Review of Social Sciences,* H. 2: 1-29.

Kron, Thomas (2009): *Zeitgenössische soziologische Theorie. Zentrale Beiträge aus Deutschland.* Wiesbaden: VS (in Vorbereitung).

Kron, Thomas/Lars Winter (2005): Fuzzy Systems – Überlegungen zur Vagheit sozialer Systeme. In: *Soziale Systeme,* H. 2: 370-394.

Kron, Thomas/Lars Winter (2006): Zum bivalenten Denken bei Niklas Luhmann, Hartmut Esser und Max Weber. In: Greshoff, Rainer (Hg.): *Die Integrative Sozialtheorie von Hartmut Esser im Spiegel der Konzeptionen von Max Weber und Niklas Luhmann.* Wiesbaden: VS, 489-514.

Kron, Thomas/Melanie Reddig (2003): Zwischen Zwang und Autonomie – das prekäre Verhältnis der Moral bei Durkheim. In: Junge, Matthias (Hg.): *Macht und Moral. Beiträge zur Dekonstruktion von Moral.* Opladen, Wiesbaden: VS, 165-191.

Kron, Thomas/Melanie Reddig (Hg.) (2007): *Analysen des transnationalen Terrorismus*. Wiesbaden: VS.

Latour, Bruno (2007): *Eine neue Soziologie für eine neue Gesellschaft. Einführung in die Akteur-Netzwerk-Theorie*. Frankfurt a.M.: Suhrkamp.

LeBon, Gustave (1911): *Psychologie der Massen*. Stuttgart: Kröner.

Leisering, Lutz (1997): Individualisierung und »sekundäre Institutionen« – der Sozialstaat als Voraussetzung des modernen Individuums. In: Beck, Ulrich/Peter Sopp (Hg.): *Individualisierung und Integration. Neue Konfliktlinien und neuer Integrationsmodus?* Opladen: Leske + Budrich, 143-159.

Lichtblau, Klaus (1984): Das »Pathos der Distanz. Präliminarien zur Nietzsche-Rezeption bei Georg Simmel. In: Dahme, Heinz-Jürgen/Ottmar Rammstedt (Hg.): *Georg Simmel und die Moderne*. Frankfurt a.M.: Suhrkamp, 231-281.

Lipman, Matthew (1959): Some Aspects of Simmel's Conception of the Individual. In: Wolff, Kurt H. (Hg): *Georg Simmel, 1858-1918. A Collection of Essays*. Ohio: University Press, 119-138.

Loebell, Peter (2004): *Ich bin, der ich werde: Individualisierung in der Waldorfpädagogik*. Stuttgart: Verlag Freies Geistesleben.

Lohmann, Georg (1993): Die Anpassung des individuellen Lebens an die innere Unendlichkeit der Großstädte. Formen der Individualisierung bei Simmel. In: *Berliner Journal für Soziologie*, H. 2: 153 -160.

Luhmann, Niklas (1970): Soziale Aufklärung. In: *Soziologische Aufklärung 1*. Opladen: Westdeutscher Verlag, 66-91.

Luhmann, Niklas (1975): *Macht*. Stuttgart: Ferdinand Enke Verlag.

Luhmann, Niklas (1986a): Ökologische Kommunikation. Opladen: Westdeutscher Verlag.

Luhmann, Niklas (1986b): The Individuality of the Individual: Historical Meanings and Contemporary Problems. In: Heller, Thomas C./Morton Sosna/David E. Wellbery (Hg.): *Reconstructing Individualism. Autonomy, Individuality, and the Self in Western Thought*. Stanford: University-Press, 313-325.

Luhmann, Niklas (1993a): Das Erkenntnisprogramm des Konstruktivismus und die unbekannt bleibende Realität. In: Luhmann, Niklas: *Soziologische Aufklärung 5. Konstruktivistische Perspektiven.* Opladen: Westdeutscher Verlag, 31-58.

Luhmann, Niklas (1993b): Borniert und einfühlsam zugleich. Schön, daß wir so ungeniert plaudern. In: *Frankfurter Allgemeine Zeitung*, H. 22: N5.

Luhmann, Niklas (1994): Copierte Existenz und Karriere. Zur Herstellung von Individualität. In: Beck, Ulrich/Elisabeth Beck-Gernsheim (Hg.): *Riskante Freiheiten. Individualisierung in modernen Gesellschaften.* Frankfurt a.M.: Suhrkamp, 191-200.

Luhmann, Niklas (1996): *Die Realität der Massenmedien.* Wiesbaden: Westdeutscher Verlag.

Luhmann, Niklas (1997): *Die Gesellschaft der Gesellschaft.* Frankfurt a.M.: Suhrkamp.

Mannitz, Sabine (2007): Integration und Individualisierung. Heranwachsende aus Immigrantenfamilien auf steinigen Wegen zur eigenen Lebensführung. In: Johler, Reinhard/Ansgar Thiel/Josef Schmid/Rainer Treptow (Hg.): *Europa und seine Fremden: die Gestaltung kultureller Vielfalt als Herausforderung.* Bielefeld: transcript Verlag, 145-163.

Marti, Urs (1993): Ist das Tier, das versprechen darf, ein Zoon Politikon? In: *Deutsche Zeitschrift für Philosophie*, H. 5: 881-894.

Marx, Oliver (2007): *Individualisierung der Frau – Eine kritische Reflexion weiblicher Lebenssituationen in Beruf und Familie.* Saarbrücken: VDM.

Mayer, Karl Ulrich/Walter Müller (1994): Individualisierung und Standardisierung im Strukturwandel der Moderne. Lebensläufe im Wohlfahrtsstaat. In: Beck, Ulrich/Elisabeth Beck-Gernsheim (Hg.): *Riskante Freiheiten. Individualisierung in modernen Gesellschaften.* Frankfurt a.M.: Suhrkamp, 265-295.

Mayntz, Renate (1967): Modellkonstruktion: Ansatz, Typen und Zweck. In: Mayntz, Renate (Hg.): *Formalisierte Modelle in der Soziologie.* Neuwied: Berlin, 11-31.

Mead, George Herbert (1968): *Geist, Identität und Gesellschaft aus der Sicht des Sozialbehaviorismus.* Frankfurt a.M.: Suhrkamp.

Merz-Benz, Peter-Ulrich (2004): Individualisierung – kapitalistische »Lebensführung« – Individualismus. Zur Konstitution der modernen Welt aus dem »Geist« der protestantischen

Ethik: Max Weber und Ernst Troeltsch. In: *Schweizerische Zeitschrift für Soziologie*, H. 2: 167-198.

Metzner-Szigeth, Andreas (2008): Von Cyber-Identitäten, virtuellen Gemeinschaften und vernetzter Individualisierung. In: *Sic et Non. Zeitschrift für Philosophie und Kultur*, H. 9.

Miegel, Meinhard/Stefanie Wahl (1994): *Das Ende des Individualismus. Die Kultur des Westens zerstört sich selbst*. München: Aktuell.

Mitchell, Marl (1976): The Individual and Individualism in Durkheim. In: *Sociological Analysis and Theory*, H. 6: 257-277.

Moebius, Stefan (2001): *Postmoderne Ethik und Sozialität. Beitrag zu einer soziologischen Theorie der Moral*. Stuttgart: ibidem-Verlag.

Mohr, Reinhard/Mathias Schreiber (1999): Von Nietzsche zu Naddel. In: *Der Spiegel*, H. 52: 178-182.

Müller, Hans-Peter (1993): Soziale Differenzierung und Individualität. Georg Simmels Gesellschafts- und Zeitdiagnose. In: *Berliner Journal für Soziologie*, H. 2: 127-139.

Müller, Hans-Peter (2005): Diagnostiker des Individualismus. Alexis de Tocqueville wurde vor zweihundert Jahren geboren. In: *Merkur. Deutsche Zeitschrift für europäisches Denken*, H. 7: 637-642.

Münch, Richard (1986): *Die Kultur der Moderne*. 2 Bd. Frankfurt a.M.: Suhrkamp.

Münch, Richard (1991): *Dialektik der Kommunikationsgesellschaft*. Frankfurt a.M.: Suhrkamp.

Münch, Richard (1994): *Sociological Theory. From the 1850s to the Present*. Chicago: Nelson-Hal.

Münch, Richard (1995): *Dynamik der Kommunikationsgesellschaft*. Frankfurt a.M.: Suhrkamp.

Münch, Richard (2004): *Soziologische Theorie. Bd 3: Gesellschaftstheorie*. Frankfurt a.M., New York: Campus.

Nassehi, Armin (2000): Die Geburt der Soziologie aus dem Geiste der Individualität. Einige systemtheoretische Bemerkungen. In: Kron, Thomas (Hg.): *Individualisierung und soziologische Theorie*. Opladen: Leske + Budrich, 45-67.

Nassehi, Armin (2003): *Geschlossenheit und Offenheit*. Frankfurt a.M.: Suhrkamp.

Nassehi, Armin/Gerd Nollmann (1997): Organisationssoziologische Ergänzungen der Inklusions-/Exklusionstheorie. In: *Soziale Systeme*, H. 3: 393-411.

Nietzsche, Friedrich (1988): *Sämtliche Werke. Kritische Studienausgabe (KSA) in 15 Einzelbänden*. Hg. von Colli, Giorgio/Mazzino Montinari. Berlin, New York: de Gruyter.

Nollmann, Gerd/Hermann Strasser (2004): *Das individualisierte Ich in der modernen Gesellschaft*. Frankfurt a.M., New York: Campus.

Ortega y Gasset, José (1983): *Der Aufstand der Massen*. Stuttgart: Ullstein.

Parsons, Talcott (1968): Interaction. In: Sills, David L. (Hg.): *International Encyclopedia of the Social Sciences*. Vol. 7. London, New York, 429-441.

Parsons, Talcott (1977): *Sozialstruktur und Persönlichkeit*. Eschborn: Klotz.

Parsons, Talcott (1993): Durkheims Beitrag zur Theorie der Integration sozialer Systeme. In: *Berliner Zeitschrift für Soziologie*, H. 4: 447-468.

Parsons, Talcott (1997a): Sozialstruktur und Persönlichkeitsentwicklung: Freuds Beitrag zur Integration von Psychologie und Soziologie. In: Parsons, Talcott: *Sozialstruktur und Persönlichkeit*. Eschborn: Klotz, 25-45; 99-139.

Parsons, Talcott (1997b): Das Inzesttabu und seine Beziehung zur Sozialstruktur und Sozialisation des Kindes. In: Parsons, Talcott: *Sozialstruktur und Persönlichkeit*. Eschborn: Klotz, 73-98.

Pasero, Ursula (2007): Altern: zur Individualisierung eines demografischen Phänomens. In: Ursula Pasero, Gertrud M. Backes, Klaus R. Schroeter (Hg.): *Altern in Gesellschaft: Ageing – Diversity – Inclusion*. Wiesbaden: VS, 345-355.

Pfaff, Holger/Fülöp Scheibler (2006): Versorgung und Versorgungsqualität im Krankenhaus. Standardisierung und Individualisierung als Trends. In: *Kölner Zeitschrift für Soziologie und Sozialpsychologie*, Sonderheft 46: *Soziologie der Gesundheit*: 432-443.

Piaget, Jean (1973): *Das moralische Urteil beim Kinde*. Frankfurt a.M.: Suhrkamp.

Pollack, Detlef (1999): Individualisierung und soziale Integration. In: *Sociologia Internationalis*, H. 1: 57-66.

Popitz, Heinrich (1995): *Der Aufbruch zur artifiziellen Gesellschaft*. Tübingen: Mohr.

Reiger, Horst (1992): *Face-to-face Interaktion. Ein Beitrag zur Soziologie von Erving Goffman*. Frankfurt a.M., Bern, Berlin: Lang.

Riesmann, David (1958): *Die einsame Masse*. Reinbek: Rowohlt.

Ritzer, Georg (1995): *Die McDonaldisierung der Gesellschaft*. Frankfurt a.M.: Fischer.

Rohrmann, Albrecht (2007): *Offene Hilfen und Individualisierung: Perspektiven sozialstaatlicher Unterstützung für Menschen mit Behinderung*. Bad Heilbrunn: Klinkhardt.

Scherr, Albert (1998): Individualisierung und gesellschaftliche Integration. Befindet sich die Bundesrepublik auf dem Weg in eine desintegrierte Gesellschaft? In: *Gegenwartskunde*, H. 2: 155-168.

Schiefer, Frank (2007): *Die vielen Tode. Individualisierung und Privatisierung im Kontext von Sterben, Tod und Trauer in der Moderne*. Berlin: Lit Verlag.

Schimank, Uwe (1985a): Der mangelnde Akteurbezug systemtheoretischer Erklärungen gesellschaftlicher Differenzierung – Ein Diskussionsvorschlag. In: *Zeitschrift für Soziologie*, H. 6: 421-434.

Schimank, Uwe (1985b): Funktionale Differenzierung und reflexiver Subjektivismus. Zum Entsprechungsverhältnis von Gesellschafts- und Identitätsform. In: *Soziale Welt*, H. 4: 447-465.

Schimank, Uwe (1987): Biographischer Inkrementalismus: Lebenslauf – Lebenserfahrung – Lebensgeschichte in funktional differenzierten Gesellschaften. In: Jürgen Friedrichs (Hg.): *23. Deutscher Soziologentag: Beiträge der Sektions- und Ad-hoc-Gruppen*. Opladen: Westdeutscher Verlag, 436-439.

Schimank, Uwe (1988): Gesellschaftliche Teilsysteme als Akteurfiktionen. In: *Kölner Zeitschrift für Soziologie und Sozialpsychologie*, H. 4: 619-639.

Schimank, Uwe (1996): *Theorien gesellschaftlicher Differenzierung*. Opladen: UTB.

Schimank, Uwe (1999): Flipperspielen und Lebenskunst. In: Willems, Herbert/Alois Hahn (Hg.): *Identität und Moderne*. Frankfurt a.M.: Suhrkamp, 250-272.

Schimank, Uwe (2000a): Die individualisierte Gesellschaft – differenzierungs- und akteurtheoretisch betrachtet. In: Kron, Thomas (Hg.): *Individualisierung und soziologische Theorie*. Opladen: Leske + Budrich, 107-128.

Schimank, Uwe (2000b): Soziologische Gegenwartsdiagnosen – Zur Einführung. In: Schimank, Uwe/Ute Volkmann (Hg.): *Soziologische Gegenwartsdiagnosen I: Eine Bestandsaufnahme*. Opladen: Leske + Budrich (UTB), 9-22.

Schimank, Uwe (2000c): *Handeln und Strukturen. Einführung in die akteurtheoretische Soziologie*. Weinheim, München: Juventa.

Schimank, Uwe (2002): *Das zwiespältige Individuum. Zum Person-Gesellschaft-Arrangement der Moderne*. Opladen: Leske + Budrich.

Schimank, Uwe (2005): *Die Entscheidungsgesellschaft – Komplexität und Rationalität der Moderne*. Wiesbaden: VS.

Schimank, Uwe (2006): Rationalitätsfiktionen in der Entscheidungsgesellschaft. In: Tänzler, Dirk/Hubert Knoblauch/Hans-Georg Soeffner (Hg.): *Zur Kritik der Wissensgesellschaft*. Konstanz: UVK, 57-81.

Schimank, Uwe/Ute Volkmann (2000) (Hg.): *Soziologische Gegenwartsdiagnosen I. Eine Bestandsaufnahme*. Opladen, Leske + Budrich.

Schmid, Michael (1986): Georg Simmel: die Dynamik des Lebens. In: Speck, Josef (Hg.): *Grundprobleme der großen Philosophen. Bd. 4*. Göttingen: Vandenhoeck & Ruprecht, 216-264.

Schneckener, Ulrich (2006): *Transnationaler Terrorismus*. Frankfurt a.M.: Suhrkamp.

Schroer, Markus (2000): Negative, positive und ambivalente Individualisierung – erwartbare und überraschende Allianzen. In: Kron, Thomas (Hg.): *Individualisierung und soziologische Theorie*. Opladen: Leske + Budrich, 13-42.

Schroer, Markus (2001): *Das Individuum der Gesellschaft*. Frankfurt a.M.: Suhrkamp.

Schulze, Gerhard (1992): *Die Erlebnisgesellschaft: Kultursoziologie der Gegenwart*. Frankfurt a.M.: Campus.

Seidel, Tom (2004): Institutionentheoretischer Individualismus. Hume vs. Parsons. In: *Berliner Debatte Initial: Sozial- und geisteswissenschaftliches Journal*, H. 5/6: 112-120.

Sellmaier, Stephan (2004): Entscheidungskonflikte der reflexiven Moderne: Uneindeutigkeit und Ahnungslosigkeit. In: Beck, Ulrich/Christoph Lau (Hg.): *Entgrenzung und Entscheidung*. Frankfurt a.M.: Suhrkamp, 149-164.

Sennett, Richard (1998): *Der flexible Mensch. Die Kultur des neuen Kapitalismus*. Berlin: Berlin Vlg.

Simmel, Georg (1926): *Der Konflikt der modernen Kultur*. München, Leipzig: Duncker & Humblot.

Simmel, Georg (1983): Individualismus. In: Dahme, Heinz-Jürgen/Otthein Rammstedt (Hg.): *Georg Simmel. Schriften zur Soziologie. Eine Auswahl*. Frankfurt a.M.: Suhrkamp, 267-274.

Simmel, Georg (1984): *Grundfragen der Soziologie: Individuum und Gesellschaft*. Berlin, New York: de Gruyter.

Simmel, Georg (1992a): *Soziologie. Untersuchungen über die Formen der Vergesellschaftung*. Frankfurt a.M.: Suhrkamp.

Simmel, Georg (1992b): Persönliche und sachliche Kultur. In: Dahme, Heinz-Jürgen/David P. Frisby (Hg.): *Georg Simmel. Aufsätze und Abhandlungen 1894-1900*. Frankfurt a.M.: Suhrkamp, 560-582.

Simmel, Georg (1993): Das Wesen der Kultur. In: Cavalli, Alessandro/Volkhard Krech (Hg.): *Georg Simmel. Aufsätze und Abhandlungen 1901-1908. Band II*. Frankfurt a.M.: Suhrkamp, 363-373.

Simmel, Georg (1994): *Lebensanschauung*. Berlin: Duncker & Humblot.

Simmel, Georg (1995a): Die beiden Formen des Individualismus. In: Kramme, Rüdiger/Angela Rammstedt/Otthein Rammstedt (Hg.): *Georg Simmel. Aufsätze und Abhandlungen 1901-1908. Band I*. Frankfurt a.M.: Suhrkamp, 49-56.

Simmel, Georg (1995b): Die Großstädte und das Geistesleben. In: Kramme, Rüdiger/Angelika Rammstedt/Otthein Rammstedt (Hg.). *Georg Simmel. Bd. 7. Aufsätze und Abhandlungen 1901-1908*. Frankfurt a.M.: Suhrkamp, 116-131.

Simmel, Georg (1996): Der Begriff und die Tragödie der Kultur. In: Georg Simmel: *Hauptprobleme der Philosophie/Philosophi-*

sche Kultur. Gesammelte Essays. Frankfurt a.M.: Suhrkamp, 385-416.

Simmel, Georg (2008): Zur Soziologie der Mahlzeit. In: Simmel, Georg: *Individualismus der modernen Zeit.* Frankfurt a.M.: Suhrkamp, 95-102.

Sloterdijk, Peter (1983): *Kritik der zynischen Vernunft.* Frankfurt a.M.: Suhrkamp.

Sloterdijk, Peter (1988): *Zur Welt kommen – Zur Sprache kommen.* Frankfurt a.M.: Suhrkamp.

Sloterdijk, Peter (1998): *Sphären I: Blasen.* Frankfurt a.M.: Suhrkamp.

Sloterdijk, Peter (1999): *Sphären II: Globen.* Frankfurt a.M.: Suhrkamp.

Sloterdijk, Peter (2000): Die *Verachtung der Massen. Versuch über die Kulturkämpfe der Gegenwart.* Frankfurt a.M.: Suhrkamp.

Sloterdijk, Peter (2004a): *Sphären III: Schäume.* Frankfurt a.M.: Suhrkamp.

Sloterdijk, Peter (2004b): Architekturen des Schaums. *In: Arch+. Zeitschrift für Architektur und Städtebau,* H. 169/170.

Sloterdijk, Peter (2006): Ein Team von Hermaphroditen. In: *Der Spiegel,* H. 23: 70.

Spencer-Brown, George (1997): *Gesetze der Form.* Lübeck: Bohmeier.

Spohrer, Hans-Thomas (2007): Zur Persönlichkeit islamischer Selbstmordattentäter. In: Möllers, Martin H. W./Robert Christian van Ooyen (Hg.): *Politischer Extremismus. Bd. 1: Formen und aktuelle Entwicklungen.* Frankfurt a.M.: Verlag für Polizeiwissenschaft, 398-406.

Strüker, Jens (2005): *Individualisierung im stationären Einzelhandel.* Wiesbaden: Gabler.

Theveßen, Elmar (2005). *Terroralarm.* Berlin: Rowohlt.

van Dülmen, Richard (1997): *Die Entdeckung des Individuums. 1500-1800.* Frankfurt a.M.: Fischer.

van Dülmen, Richard (2001): *Entdeckung des Ich.* Wien: Böhlau.

Veblen, Thorstein (2000): *Theorie der feinen Leute. Eine ökonomische Untersuchung der Institutionen.* Frankfurt a.M.: Fischer.

Veith, Herrmann (1996): *Theorien der Sozialisation.* Frankfurt a.M.: Campus.

von Wiese, Leopold (1966): *System der Allgemeinen Soziologie als Lehre von den sozialen Prozessen und den sozialen Gebilden der Menschen (Beziehungslehre)*. Berlin: Duncker & Humblot.

Watts, Duncan (2003): *Six Degrees. The Science of a Connected Age.* New York: W. W. Norton & Co.

Weber, Max (1976): *Soziologische Grundbegriffe*. Tübingen: Mohr.

Weber, Max (1980): *Wirtschaft und Gesellschaft. Grundriß der verstehenden Soziologie*. Tübingen: Mohr.

Willems, Herbert (1997): *Rahmen und Habitus. Zum theoretischen und methodischen Ansatz Erving Goffmans: Vergleiche, Anschlüsse und Anwendungen*. Frankfurt a.M.: Suhrkamp.

Wrong, Dennis (1961): The Oversocialized Conception of Man in Modern Sociology. In: *American Sociological Review*, H. 26: 183-193.

Einsichten.
Themen der Soziologie

HEIKE DELITZ
Architektursoziologie

Oktober 2009, ca. 120 Seiten,
kart., ca. 11,50 €,
ISBN 978-3-8376-1031-4

STEFANIE EIFLER
Kriminalsoziologie
(2., komplett überarbeitete Auflage)

November 2009, ca. 120 Seiten,
kart., ca. 11,80 €,
ISBN 978-3-8376-1065-9

WULF D. HUND
Rassismus

2007, 170 Seiten, kart., 15,80 €,
ISBN 978-3-89942-310-5

Leseproben, weitere Informationen und Bestellmöglichkeiten finden Sie unter www.transcript-verlag.de

Einsichten. Themen der Soziologie

Dirk Baecker
Wirtschaftssoziologie
2006, 188 Seiten, kart., 15,00 €,
ISBN 978-3-933127-36-5

Holger Braun-Thürmann
Innovation
2005, 118 Seiten, kart., 11,50 €,
ISBN 978-3-89942-291-7

Frank Eckardt
Soziologie der Stadt
2004, 132 Seiten, kart., 12,00 €,
ISBN 978-3-89942-145-3

Rolf Eickelpasch, Claudia Rademacher
Identität
2004, 138 Seiten, kart., 12,00 €,
ISBN 978-3-89942-242-9

Matthias Gross
Natur
2006, 142 Seiten, kart., 13,00 €,
ISBN 978-3-89942-340-2

Robert Gugutzer
Soziologie des Körpers
2004, 218 Seiten, kart., 14,80 €,
ISBN 978-3-89942-244-3

Raimund Hasse, Georg Krücken
Neo-Institutionalismus
(2., komplett überarbeitete Auflage)
2005, 136 Seiten, kart., 13,50 €,
ISBN 978-3-933127-28-0

Boris Holzer
Netzwerke
2006, 132 Seiten, kart., 12,50 €,
ISBN 978-3-89942-365-5

Sabine Maasen
Wissenssoziologie
(2., komplett überarbeitete Auflage)
Mai 2009, 126 Seiten, kart., 10,80 €,
ISBN 978-3-89942-421-8

Uwe Schmidt, Marie-Theres Moritz
Familiensoziologie
Mai 2009, 158 Seiten, kart., 11,50 €,
ISBN 978-3-89942-671-7

Helmut Willke
Global Governance
2006, 152 Seiten, kart., 13,50 €,
ISBN 978-3-89942-457-7

Andreas Ziemann
Soziologie der Medien
2006, 132 Seiten, kart., 12,50 €,
ISBN 978-3-89942-559-8

Leseproben, weitere Informationen und Bestellmöglichkeiten finden Sie unter www.transcript-verlag.de